Senderos de FE

Senderos de FE

UNA JORNADA HACIA EL
PROPÓSITO DIVINO

Sonia Noemí Torres

Propiedad intelectual protegida por Sonia Noemï Torres.

El autor garantiza que todo el contenido de este libro es original y que no infringe los derechos de cualquier otra persona u obra. Ninguna parte de este libro puede ser reproducido en ninguna forma sin el permiso del autor. Las expresiones y opiniones de este libro no son necesariamente las de la agencia publicadora.

Impreso en los Estados Unidos
Copyright © 2021 Sonia Noemí Torres
Todos los derechos reservados.
ISBN: 978-0-578-87558-3

Dedicatoria

Mi Amado Padre Celestial, es a ti a quien deseo dedicar este libro. Sí, a ti que me creaste antes de la fundación del mundo; a ti, que me conociste antes de formarme; a ti que has sido mi Padre, Hermano, Consejero, Proveedor, Sanador, Salvador, Libertador y mi Bandera.

Este libro lo escribí en obediencia a tí y según pusiste en mi corazón. Tú has sido la inspiración en cada renglón de este libro, un Padre que cuando quise borrar oraciones claramente me dijo: "Escribe, y cada renglón es fijo; no borres". Es maravilloso saber que aún siendo como un granito de arena en medio de toda la humanidad, tu posaste tu mirada en mí y así haces con cada ser humano.

Gracias por todo lo que has hecho en mi vida. Realmente puedo decir "Jehová es mi Pastor, nada me faltará". Nada de lo que has permitido ha sido desperdiciado; de todo he aprendido.

Gracias Padre, gracias Hijo y gracias Espíritu Santo.

Tabla De Contenido

	Dedicatoria	v
	Agradecimiento	ix
	Prólogo	xi
	Introducción	xiii
Capítulo I	Senderos de Fe	1
Capítulo II	El Sendero de la Obediencia	17
Capítulo III	El Sendero de las Lecciones Aprendidas	22
Capítulo IV	El Sendero de la Humildad	84
Capítulo V	El Sendero Ministerial	94
Capítulo VI	Etapas de la Vida	106
Capítulo VII	Sanidad del Alma	127
Capítulo VIII	Los Procesos del Alfarero	141
Capítulo IX	El cumplimiento del Propósito Divino	172

Capítulo X	La Visión hacia el Propósito Divino	192
	Conclusión	207

Agradecimiento

Primeramente, gracias al Padre, al Hijo y al Espíritu Santo por Su fidelidad y Su misericordia para conmigo. Gracias a mis padres y a mi familia por su infinito apoyo en mi vida y por orar sin cesar. En especial, quiero agradecer a mis Pastores, Israel Santos y Ada Santos, quienes actualmente pastorean la Iglesia Casa del Alfarero en Phenix City, Alabama. El Pastor Israel Santos ha sido un gran consejero, mentor y maestro para muchos y para mí.

También quiero agradecerles a la Pastora María Victoria Rosado (Vicky), Pastora Carmencita Pérez y a mi querida hermana Edilma Long por todo su apoyo por más de dos décadas en mi vida.

Finalmente, gracias a la familia de la fe, a todos mis hermanos en Cristo; su amor ha sido de un valor incalculable. Gracias a los siervos y siervas de Dios que se dejaron usar por el Señor para dirigirme hacia el propósito de Dios. Sus oraciones fueron contestadas.

Espero que este libro le ministre a la vida de cada lector y que sea de gran esperanza para aquellos que por alguna razón la hayan perdido.

Prólogo

Sonia N. Torres es una novel autora que en esta, su primera publicación, ***Senderos de fe***, plasma de manera brillante y balanceada la aplicación de principios bíblicos a la vida cotidiana. ***Senderos de fe***, es un libro que una vez se comienza a leer queda uno identificado con lo escrito.

En ***Senderos de fe***, podemos no solo identificarnos con su contenido, sino además, crecer en el entendimiento de cómo la providencia Divina opera y se manifiesta en nuestras vidas. La soberana ejecución de los designios Divinos en cada una de nuestras vidas es lo que conocemos como providencia. La misma, constante e integralmente opera en todo lo creado.

Senderos de fe nos retrata con la cámara de las experiencias de otros seres humanos. Cada una de ellas registradas en las Sagradas Escrituras. A través de las mismas, somos consolados por el Espíritu Santo, guiados por la infalible brújula de la sabiduría de Dios, amonestados por la justicia divina y concientizados de la invisible mano del Eterno Soberano.

Personalmente recomiendo que ***Senderos de fe*** debe ser leído con sincera modestia y receptividad. En ***Senderos de fe***, Sonia N. Torres abre el tesoro de su corazón para compartir con el público lo aprendido en el proceso de comprender el propósito Divino para su vida y además acentúa en las providenciales lecciones dentro del proceso. Por tanto, ***Senderos de fe*** es un material simple porque trata lo cotidiano pero a la vez profundo en esencia.

Sonia N. Torres te felicito y agradezco esta oportunidad de poder ser parte de ***Senderos de fe***.

En Cristo;
Dr. Israel Santos
Pastor fundador Iglesia Casa del Alfarero
Obispo Asociación Iglesias Cristianas el Alfarero
alfarero.church
aicelainternational.org

Introducción

Senderos de fe, contiene principios bíblicos que podremos aplicar para salir victoriosos en distintas situaciones. Esta victoria solo se puede lograr con Cristo. Es necesario que nuestra fe sea una de acción, ya que la fe sin obras está muerta. Diariamente se nos presentan luchas y pruebas durante las cuales si no caminamos sobre *senderos de fe* estaremos vulnerables ante la desesperanza y, por ende, al estancamiento espiritual.

Dios recompensa al que le cree y mantiene intimidad con él.

"Pero sin fe es imposible agradar a Dios; porque es necesario que el que se acerca a Dios crea que le hay, y que es galardonador de los que le buscan".

— Hebreos 11:6

Dios quiere que le creas y confíes aún sin saber hacia dónde te dirige. La dirección y la voluntad de Dios son perfectas; sin su dirección entraríamos en un camino torcido que nos conduciría a un desvío o demora del propósito de Dios. Sin Cristo nada podemos hacer; el Reino de Dios está diseñado para que tengamos total dependencia de Él. Dios es la brújula en nuestra travesía por la vida. Además, el seguir los principios de Dios también permitirá recibir las bendiciones que Dios desea para todos sus hijos.

Comenzaremos presentando situaciones de siervos de Dios que obtuvieron la victoria al caminar por senderos de fe. Revisaremos las etapas de la vida para tener una idea de cómo se va formando el carácter de un individuo hasta su edad adulta. El texto también considera casos de siervos de Dios que pasaron por procesos para la formación de su carácter, al igual que otras áreas a las cuales debemos prestar atención para poder obtener victorias en Cristo.

Gloria a Dios por su bendita Palabra y por su dulce voz que nos guía y nos ayuda cada día para conducirnos al cumplimiento de nuestro propósito en esta tierra. La versión de la Biblia utilizada en este libro es la Reina- Valera (1960).

CAPÍTULO I

Senderos de Fe

A través del recorrido de **Senderos de Fe** podremos observar que en gran parte del mismo irradia lo que se conoce como Providencia Divina. La Providencia Divina es el canal a través del cual Dios gobierna enteramente todas las cosas y los sucesos en el universo (Salmo 103:19).

Podemos confiar que a través de Su Providencia, nuestro Excelso Dios tiene en sus manos el control de la formación y nacimiento de todo ser humano (Salmo 139:13-16), de su destino (Gálatas 1:15), de sus éxitos y fracasos (Lucas 1:52), de la protección de su pueblo (Salmo 91), del mundo físico (Mateo 5:45), al igual que del universo (Hebreos 1:2) y de las naciones (Salmo 66:7).

Muchos dudan que Dios esté en control de todas las cosas; sin embargo, a través de Su Palabra podemos observar que es Él quien lo mueve todo y que nadie puede estorbar Sus deseos; Su voluntad prevalecerá.

La doctrina de la Providencia Divina se opone directamente a la idea de que el universo sea gobernado por la casualidad o por el destino. (Obtenido de https://www.gotquestions.org /Espanol/ providencia -divina.html.)

Nuestro Dios es demasiado grande para permitir que ocurran sucesos en nuestra vida como casualidades al azar que nos lleven a la deriva; Dios siempre tiene un plan y todo lo que permite o propicia es parte del mismo.

Un punto importante de Su Providencia es que aunque el ser humano tome decisiones opuestas a Su voluntad-- acarreando para sí las consecuencias de las mismas--la soberana voluntad de Dios prevalecerá cual sello de distinción sobre nuestras vidas.

Cuando le pertenecemos a Dios ya no nos ceñimos a nosotros mismos, sino que somos ceñidos por Él en todo aspecto de nuestras vidas. Gracias a nuestro Excelso Dios no le tememos al futuro, pues estamos seguros en sus manos amorosas.

Después del Señor haberme confirmado el título de este libro, **_Senderos de Fe_**, estuve meditando en cuál sería la razón por la cual quiso titularlo así. Lo primero que vino a mi mente fue buscar el significado de "senderos".

Los senderos son caminos o sendas muy pequeñas y angostas, los cuales se forman al andar (https://

es.thefreedictionary.com/senderos). La única forma de caminar victoriosamente por los senderos angostos que ya Cristo anduvo es a través de la fe en Él.

"puestos los ojos en Jesús, el autor y consumador de la fe (...)".

— Hebreos 12:2

"Examina la senda de tus pies, Y todos tus caminos sean rectos".

— Proverbios 4:26

Cuando caminamos por senderos de fe no solo creemos en la existencia de Dios sino en todo lo que Él habla a nuestras vidas. Actuamos en base a los principios bíblicos de Dios, a sus instrucciones y a todo lo que Él nos enseña en su Palabra.

"Es, pues, la fe la certeza de lo que se espera, la convicción de lo que no se ve".

— Hebreos 11:1

Si creo que Dios vive; si creo que Él me salvó y si creo lo que dice Su Palabra, ¿entonces por qué no hacer lo que me pide, confiando en Sus promesas? Dios premia a aquel que cree en Él y le busca.

"Pero sin fe es imposible agradar a Dios; porque es necesario que el que se acerca a Dios crea que le hay, y que es galardonador de los que le buscan".

— Hebreos 11:6

Creer en la existencia de Dios es bueno, pero nuestro grado de entrega, búsqueda, sumisión y obediencia refleja cuánto amor, fe y confianza tenemos en Él. Si decimos que tenemos fe, tenemos que ponerla en acción, ya que la fe sin obras es muerta.

"Porque como el cuerpo sin espíritu está muerto, así también la fe sin obras está muerta".

— Santiago 2:26

El significado del versículo anterior es que hay que realizar obras que honren a nuestro Dios. No solo se refiere a que actuemos conforme a la fe que profesamos, sino a servir tangiblemente en la obra de Dios. Si Dios nos ordena realizar algo debemos comenzar a dar pasos hacia ese fin. Esos pasos se dan en fe, creyendo que Él es la fuente de los recursos.

Además, Dios nos ha dado dones y talentos para llevar a cabo sus obras, pero si no nos preparamos para ejercerlos con excelencia, podemos caer en el estancamiento y la mediocridad. Entre las obras que acompañan la fe se encuentran ayudar al necesitado, visitar a los presos y a los enfermos. No solo se trata de suplir algo material o físico, sino que muchas de estas personas están ávidas de amor y compañía. ¡Cántales, abrázalos y háblales del amor de Dios!

"Estuve desnudo, y me cubristeis; enfermo, y me visitasteis; en la cárcel, y vinisteis a mí".

— Mateo 25:36

Cuando donamos de lo nuestro a otros, inclusive nuestro tiempo, Dios bendice nuestra vida. No lo hacemos para recibir, pero todo lo que el hombre sembrare eso también segará; es una ley espiritual. La Palabra expresa la bendición de dar así:

"Porque de los presos también os compadecisteis, y el despojo de vuestros bienes sufristeis con gozo, sabiendo que tenéis en vosotros una mejor y perdurable herencia en los cielos".

— Hebreos 10:34

A veces también sucede que cuando visitamos a alguien nos percatamos que la persona necesita alimentos o medicina. Nuestro deber en la situación anterior es suplir esa necesidad con premura dentro de nuestras posibilidades. Eso es poner la fe en acción; esa es la fe viva.

"No digas a tu prójimo: Anda, y vuelve, Y mañana te daré, Cuando tienes contigo qué darle".

— Proverbios 3:28

La fe no solo obra en el momento de la necesidad o en aquello que Dios nos instruye a realizar en su Palabra. La fe también opera cuando seguimos las instrucciones específicas que Dios nos ha expresado a nivel individual. Veamos el caso del siervo Abram.

La Fe de Abram

Caminar sin saber a dónde vamos, como anduvo Abram, no es humanamente fácil; sin embargo, para obtener la victoria es necesario seguir las instrucciones exactas de Dios sin cuestionar Sus razones.

Dios le dijo a Abram *"vete de tu tierra y de tu parentela a la tierra que yo te diré".* **(Génesis 12:1)**

El Señor no le dijo de inmediato a dónde iba porque quería su plena confianza en Él. Confiar plenamente en Dios lo llevó a recibir todas las promesas que Dios tenía apartadas para él.

Abram caminó por senderos de fe con su esposa Saraí, con su sobrino Lot y con otros a la tierra de Canaán. Estando allí es cuando acontece lo siguiente:

"Y apareció Jehová a Abram, y le dijo: A tu descendencia daré esta tierra. Y edificó allí un altar a Jehová, quien le había aparecido".

— Génesis 12:7

Jehová le prometió a Abram que le daría la tierra de Canaán a su descendencia. En gratitud, Abram le edificó un altar al Señor en el mismo lugar donde le había dado la promesa. ¡Cuán importante es agradecer a Dios por sus actos y maravillas!

Muchas veces el ser humano no quiere caminar por senderos desconocidos, aunque Dios le dé la orden de que lo haga y confíe en Él. A veces no queremos lanzarnos sin antes ver qué hay al otro lado. Andamos con dudas y temores, aun después de Dios habernos dicho que confiemos, que nada nos faltará y que no nos abandonará durante la jornada.

La Fe en Acción

Abram fue probado en más de una ocasión con lo que más amaba. Además de Dios haberle pedido que saliera de su tierra y de su parentela, también le pidió que le entregara como cordero de sacrificio a su hijo Isaac, el hijo de la promesa concebido en su vejez (Génesis 22:2). Dios cambió el nombre de Abram a Abraham y el de Saraí a Sara en el momento en que les habló de las promesas designadas para ellos.

> *"Cuando Abram tenía noventa y nueve años, el Señor se le apareció y le dijo: «Yo soy El-Shaddai, "Dios Todopoderoso". Sírveme con fidelidad y lleva una vida intachable. Yo haré un pacto contigo, por medio del cual garantizo darte una descendencia incontable». Al oír eso, Abram cayó rostro en tierra. Después Dios le dijo: «Este es mi pacto contigo: ¡te haré el padre de una multitud de naciones! Además, cambiaré tu nombre. Ya no será Abram, sino que te llamarás Abraham,[a] porque serás el padre de muchas naciones. Te haré sumamente fructífero. Tus descendientes llegarán a ser muchas naciones, ¡y de ellos surgirán reyes!"*
>
> *— Génesis 17:1-6*

"Entonces Dios le dijo a Abraham: «Con respecto a Sarai, tu esposa, su nombre no será más Sarai. A partir de ahora, se llamará Sara.[c] Y yo la bendeciré, ¡y te daré un hijo varón por medio de ella! Sí, la bendeciré en abundancia, y llegará a ser la madre de muchas naciones. Entre sus descendientes, habrá reyes de naciones".

— Génesis 17:15

La fe obra cuando tienes la plena certeza y convicción de que Dios hará lo que ha prometido y actúas conforme a ello. Esas acciones realizadas en fe te abrirán puertas, verás que sucederán las cosas que estabas esperando y esto traerá una nueva perspectiva a tu vida que fortalecerá tu fe. Como cristianos es necesario ***permanecer*** en los senderos de fe para recibir la bendición de Dios.

La Biblia relata que antes de concebir el hijo de la promesa, Abram y Saraí tomaron sus propias soluciones a causa de la desesperación. Tomaron a su esclava Agar para que concibiera un hijo de Abram, ya que según ellos "Dios no había cumplido" o "se estaba tardando" en su promesa.

"Y Sarai mujer de Abram tomó a Agar su sierva egipcia, al cabo de diez años que había

habitado Abram en la tierra de Canaán, y la dio por mujer a Abram su marido. Y él se llegó a Agar, la cual concibió; y cuando vio que había concebido, miraba con desprecio a su señora".

— Génesis 16: 3-4

Todas las decisiones que se toman fuera de la voluntad de Dios acarrean consecuencias. Desde el momento en que la esclava concibió y antes que se manifestara el fruto de su vientre surgieron sentimientos de desprecio y superioridad hacia su señora. Agar mostraba una actitud de "yo tendré y tú no has podido". Al nacer el hijo de la esclava, Abram y Saraí lo tomaron como suyo propio.

"Y Agar dio a luz un hijo a Abram, y llamó Abram el nombre del hijo que le dio Agar, Ismael".

— Génesis 16:15

Un tiempo después de este acontecimiento, Sara concibió a Isaac, el Hijo de la promesa tan anhelado por años (Génesis 21:3). Dios es Fiel y desea fidelidad de nuestra parte. El Señor a veces nos prueba para ver si amamos más la bendición entregada que al dador de la misma; Él desea ver dónde está nuestro corazón. Siguiendo la línea de pensamiento anterior, unos años más tarde Dios le pide a Abraham que le sacrifique a su hijo Isaac en un monte (Génesis 22:2). ¡Qué dura prueba de fe sería esta para algunos, pero la fe de Abraham era una de grado superlativo! Su fe se manifiesta claramente en este verso:

"Entonces dijo Abraham a sus siervos: Esperad aquí con el asno, y yo y el muchacho iremos hasta allí y adoraremos, y volveremos a vosotros".

— Génesis 22:5

Abraham estaba bien seguro que Dios haría provisión y que regresaría junto con su hijo hasta el lugar donde estaban sus siervos. Tenemos un Dios de justicia, amor y misericordia. En la Escritura vemos que Dios quería probar si realmente había temor a Dios en el corazón de Abraham.

"Entonces el ángel de Jehová le dio voces desde el cielo, y dijo: Abraham, Abraham. Y él respondió: Heme aquí. Y dijo: No extiendas tu mano sobre el muchacho, ni le hagas nada; porque ya conozco que temes a

Dios, por cuanto no me rehusaste tu hijo, tu único. Entonces alzó Abraham sus ojos y miró, y he aquí a sus espaldas un carnero trabado en un zarzal por sus cuernos; y fue Abraham y tomó el carnero, y lo ofreció en holocausto en lugar de su hijo".

— Génesis 22:11-13

El resultado de las pruebas de Abraham reflejó que su más grande amor era Dios. Qué profunda fue la expresión del ángel de Jehová cuando le dijo a Abraham que ya conocía que temía a Dios porque no le había rehusado a su hijo y recalca "su único" hijo. Este acto de amor y obediencia a Dios de parte de Abraham me trajo a la memoria como Dios por amor a nosotros entregó a su único Hijo para darnos salvación y vida eterna.

"Porque de tal manera amó Dios al mundo, que ha dado a su Hijo unigénito, para que todo aquel que en él cree, no se pierda, mas tenga vida eterna".

— Juan 3:16

No obstante, no solo se trató del acto de Dios Padre al entregar a Su Hijo sino de la obediencia del Hijo en este plan salvífico (Isaías 53). Quién mejor que Dios para saber lo que Abraham estaba sintiendo en el momento en que estaba a punto de ofrecer a su hijo como sacrificio. Cuántas veces Dios nos ha pedido que renunciemos a algo que anhelamos con el alma por amor a su nombre. Es importante reevaluarnos a nosotros mismos para considerar si realmente amamos a Dios sobre todas las cosas.

El amor a Dios se demuestra a través de la obediencia, aunque nos cueste o parezca que vamos a perecer. Dios siempre proveerá para nuestras necesidades. Sigamos el ejemplo de fe y obediencia de Abraham.

Abraham, el padre de la fe, fue un hombre a quien Dios en cada circunstancia le proveyó con una perfección inigualable. ¡A Dios sea la Gloria por siempre, Amén!

Rut y Noemí

Al principio de esta historia, Noemí salió con su esposo Elimelec y sus hijos Mahlón y Quelión a la tierra de Moab a causa de la escasez de alimentos (Rut 1:1). Las consecuencias de la decisión de Elimelec de mudarse a Moab fueron muy tristes.

> *"Tiempo después murió Elimelec, y Noemí quedó sola con sus dos hijos. Ellos se casaron con mujeres moabitas. Uno se casó con una mujer*

llamada Orfa y el otro con una mujer llamada Rut. Pero unos diez años después murieron tanto Mahlón como Quelión. Entonces, Noemí quedó sola, sin sus dos hijos y sin su esposo".

— Rut 1:3-5

A pesar de las fuertes pérdidas que sufrió Noemí, Dios le dio la sabiduría necesaria para encaminarla hacia el hermoso destino que tenía preparado para ella y Rut. Las decisiones que Noemí tomó no fueron fáciles. Ella decidió salir de la tierra de Moab hacia Belén, en donde ya había cesado la escasez. De las dos yernas de Noemí, solo Rut insistió en continuar con ella.

Aunque el futuro en Belén ahora se viese más brillante, no debió haber sido fácil para dos mujeres solas llegar hasta allá. Seguramente, pasaron por muchas vicisitudes y peligros en esta difícil jornada. No obstante, Noemí caminó y lo hizo sobre senderos de fe.

Rut tomó una decisión que requería bastante determinación. Rut no se imaginaba hasta dónde llegaban los planes que Dios tenía con ella. Lo maravilloso de la historia de Rut es que siendo moabita, también eligió caminar por senderos de fe bajo la poderosa mano de Dios.

Rut se pudo haber quedado en Moab junto a su familia y a sus dioses, pero ella decidió sabiamente.

No cabe duda que el ejemplo de Noemí y la directa influencia de Dios la dirigieron a decidir correctamente. Se podría decir que Noemí fue la mentora de Rut; detrás de cada Rut hay una Noemí.

Estas mujeres tomaron decisiones tan en el centro de la voluntad de Dios, que Él las recompensó con lo mejor del trigo. Dentro de todas las bendiciones que recibieron se encuentra el casamiento de Rut con Booz, un hombre temeroso de Dios, rico, generoso y pariente lejano del difunto esposo de Noemí. Del matrimonio de Rut y Booz nació Obed, continuando con la genealogía que llega hasta el nacimiento de Cristo.

"Entonces Noemí tomó al niño, lo abrazó contra su pecho y cuidó de él como si fuera su propio hijo. Las vecinas decían: «¡Por fin ahora Noemí tiene nuevamente un hijo!». Y le pusieron por nombre Obed. Él llegó a ser el padre de Isaí y abuelo de David".

— Rut 4:16

" (...) hijo de David, hijo de Isaí, hijo de Obed, hijo de Booz, hijo de Salmón, hijo de Naasón, hijo de Aminadab, hijo de Aram, hijo de Esrom, hijo de Fares, hijo de Judá, hijo de Jacob, hijo de Isaac, hijo de Abraham, hijo

de Taré, hijo de Nacor, hijo de Serug, hijo de Ragau, hijo de Peleg, hijo de Heber, hijo de Sala, hijo de Cainán, hijo de Arfaxad, hijo de Sem, hijo de Noé, hijo de Lamec, hijo de Matusalén, hijo de Enoc, hijo de Jared, hijo de Mahalaleel, hijo de Cainán, hijo de Enós, hijo de Set, hijo de Adán, hijo de Dios".

— Lucas 3:32-38

En la vida será necesario caminar bajo la dirección de Dios para que prosperen todos nuestros caminos. La única forma de completar esta travesía es caminando en fe, agarrados de la mano del Padre, del Hijo y del Espíritu Santo, independientemente de las circunstancias.

No solo debemos andar sobre senderos de fe sino también por otros senderos tales como: el sendero de la obediencia; el sendero de las lecciones aprendidas; el sendero de la humildad y el sendero ministerial.

CAPÍTULO II

El Sendero de la Obediencia

La obediencia a Dios abre puertas que nos parecen imposibles. El resultado de la obediencia siempre traerá grandes bendiciones a nuestras vidas y a los que nos rodean. Aunque no entendamos las razones del Señor para hacer algo, Dios nunca nos enviará a realizar algo que nos perjudique, Él nos ama.

"Porque yo sé los pensamientos que tengo acerca de vosotros, dice Jehová, pensamientos de paz, y no de mal, para daros el fin que esperáis".

— Jeremías 29:11

MOISÉS

Por la obediencia de Moisés el Mar Rojo se dividió para que el pueblo de Israel pasara cuando era perseguido por el Faraón y los egipcios (Éxodos 14:8-10). Las instrucciones de Jehová a Moisés fueron las siguientes:

"Entonces Jehová dijo a Moisés: ¿Por qué clamas a mí? Di a los hijos de Israel que marchen. Y tú alza tu vara, y extiende tu mano sobre el mar, y divídelo, y entren los hijos de Israel por en medio del mar, en seco".

— Éxodo 14:10-16

"Y extendió Moisés su mano sobre el mar, e hizo Jehová que el mar se retirase por recio viento oriental toda aquella noche; y volvió el mar en seco, y las aguas quedaron divididas. Entonces los hijos de Israel entraron por en medio del mar, en seco, teniendo las aguas como muro a su derecha y a su izquierda".

— **Éxodo 14:21-22**

La obediencia a Dios en esta situación preservó muchas vidas. Si él no hubiese obedecido otra hubiese sido la historia. La fe y la confianza en Jehová nos llevan a la obediencia y la obediencia a la victoria.

Noé

Noé fue un varón que obedeció las instrucciones de Dios, aún sin entender todo el panorama. Él le creyó a Dios respecto a que iba a enviar un diluvio para raer de la tierra a todo ser viviente debido a la gran maldad y violencia existentes (Génesis 6). Por un periodo de su vida estuvo construyendo un arca según las instrucciones de Dios y predicando, pese a quien se burlara de él. Cuando Dios lo estimó conveniente, cumplió su promesa, salvando la vida de Noé y la de su familia. ¡Siempre vale la pena obedecer a Dios!

"Por la fe Noé, cuando fue advertido por Dios acerca de cosas que aún no se veían, con temor preparó el arca en que su casa se salvase; y por esa fe condenó al mundo, y fue hecho heredero de la justicia que viene por la fe".

— Hebreos 11:7

Ana

La historia de Ana es muy conmovedora. Ana era una mujer estéril, pero anhelaba con todo su corazón tener un hijo, por lo cual lloraba en el altar ante Jehová para que se lo concediera. Ana le hizo una promesa a Jehová:

"Y se levantó Ana después que hubo comido y bebido en Silo; y mientras el sacerdote Elí estaba sentado en una silla junto a un pilar del templo de Jehová, ella con amargura de alma oró a Jehová, y lloró abundantemente. E hizo voto, diciendo: Jehová de los ejércitos, si te dignares mirar a la aflicción de tu sierva, y te acordares de mí, y no te olvidares de tu sierva, sino que dieres a tu sierva un hijo varón, yo lo dedicaré a Jehová todos los días de su vida, y no pasará navaja sobre su cabeza".

— 1 Samuel 1: 9-11

No es fácil para una madre desprenderse de alguien tan cercano como un hijo a una edad tan temprana, pero ella confiaba totalmente en Jehová. Dios le concedió a Ana su petición y ella concibió a Samuel. Cuando cumplimos con lo que le prometemos a Dios se multiplican las bendiciones.

La obediencia de Ana al cumplir su promesa de entregar a su niño para el servicio a Dios en el templo, resultó en que pudo dar a luz más hijos. Por la obediencia de Ana, Samuel conoció a Dios desde muy temprana edad y se convirtió en uno de los más grandes profetas del pueblo de Israel.

"Después que lo hubo destetado, lo llevó consigo, con tres becerros, un efa de harina, y una vasija de vino, y lo trajo a la casa de Jehová en Silo; y el niño era pequeño. Y matando el becerro, trajeron el niño a Elí. Y ella dijo: ¡Oh, señor mío! Vive tu alma, señor mío, yo soy aquella mujer que estuvo aquí junto a ti orando a Jehová. Por este niño oraba, y Jehová me dio lo que le pedí".

— *1 Samuel 1:24-27*

CAPÍTULO III

El Sendero de las Lecciones Aprendidas

Este capítulo presenta algunas lecciones aprendidas por experiencia propia y otras aprendidas al observar las vivencias de otros. Los senderos de las lecciones aprendidas consisten de algunas pruebas que atravesamos como cristianos donde podemos aplicar con sabiduría los principios bíblicos de la Palabra de Dios. Independientemente del resultado siempre aprendemos de la prueba, porque si la reprobamos, ya sabremos qué hacer la próxima vez. ¿Cuáles son estas lecciones?

La lección aprendida de la traición

La traición puede venir en distintas formas y matices. Solamente los que la han experimentado entienden lo que aprendieron de la lección. Hay situaciones que son mucho más intensas que otras. Por lo general una ofensa de lealtad y confianza se hace más difícil de perdonar, dependiendo de la profundidad del sentimiento de traición.

Una de las personas más traicionadas en la Biblia fue Jesús; fue traicionado aun por los suyos. Dice en Juan 1:11 que *"A lo suyo vino, y los suyos no le recibieron"*.

También fue traicionado por Judas--uno de sus discípulos--quien lo vendió por 30 monedas de plata.

"Entonces uno de los doce, que se llamaba Judas Iscariote, fue a los principales sacerdotes, y les dijo: ¿Qué me queréis dar, y yo os lo entregaré? Y ellos le asignaron treinta piezas de plata. Y desde entonces buscaba oportunidad para entregarle".

— Mateo 26:14-16

Ninguno de los discípulos de Jesús se apartó de Él ni se perdió. La traición de Judas estaba destinada a suceder para que se cumpliese la Escritura. Se tenía que llevar a cabo el plan de Salvación. Jesús dijo:

"Cuando estaba con ellos en el mundo, yo los guardaba en tu nombre; a los que me diste, yo

los guardé, y ninguno de ellos se perdió, sino el hijo de perdición, para que la Escritura se cumpliese".

—Juan 17:12

Lo cierto es que Jesús tenía que ser entregado, ya que era necesaria su crucifixión y que resucitase a los tres días; solamente mediante el derramamiento de sangre tú y yo podíamos ser redimidos y recibir la Salvación eterna.

Juan 17:12 es un versículo poderoso y de mucha esperanza. Saber que de todos los que Dios le había concedido a Jesús, ninguno se perdió, sino solo aquel que había sido predestinado para llevar a cabo la tarea de entregar a Jesús, nos da la seguridad de salvación a sus escogidos. Quizás no podamos comprender las formas de operar de Dios, pero Él tiene respuestas a nuestras preguntas.

"Mas antes, oh hombre, ¿quién eres tú, para que alterques con Dios? ¿Dirá el vaso de barro al que lo formó: ¿Por qué me has hecho así? ¿O no tiene potestad el alfarero sobre el barro, para hacer de la misma masa un vaso para honra y otro para deshonra? ¿Y qué, si Dios, queriendo mostrar su ira y hacer notorio su poder, soportó con mucha paciencia los vasos

de ira preparados para destrucción, y para hacer notorias las riquezas de su gloria, las mostró para con los vasos de misericordia que él preparó de antemano para gloria, ¿O no tiene potestad el alfarero sobre el barro, para hacer de la misma masa un vaso para honra y otro para deshonra?"

— Romanos 9:21

Como vemos, Dios creó instrumentos para usos honrosos y otros para usos viles. Él tiene la potestad de hacerlo porque es soberano. En esta ocasión le tocó ser vaso de deshonra a Judas, pues entregó a Jesús por 30 monedas de plata.

"Entonces Jesús le dijo: Judas, ¿con un beso entregas al Hijo del Hombre?"

— Lucas 22:48

Jesús, no solo fue traicionado por los suyos y por Judas, sino también por Pedro, uno de sus discípulos quien dijo que nunca lo negaría. No conocemos tanto sobre nosotros mismos como nuestro Dios. Jesús en su omnisciencia le dijo a Pedro que lo negaría no una, sino tres veces. Sin embargo, Pedro estaba seguro de que eso nunca sucedería. No obstante, en la hora de la prueba, el temor se apoderó de él.

"Respondiendo Pedro, le dijo: Aunque todos se escandalicen de ti, yo nunca me escandalizaré. Jesús le dijo: De cierto te digo que esta noche, antes que el gallo cante, me negarás tres veces. Pedro le dijo: Aunque me sea necesario morir contigo, no te negaré. Y todos los discípulos dijeron lo mismo".

— Mateo 26:33-36

"Pedro estaba sentado fuera en el patio; y se le acercó una criada, diciendo: Tú también estabas con Jesús el galileo. Mas él negó delante de todos, diciendo: No sé lo que dices. Saliendo él a la puerta, le vio otra, y dijo a los que estaban allí: También éste estaba con Jesús el nazareno. Pero él negó otra vez con juramento: No conozco al hombre. Un poco después, acercándose los que por allí estaban, dijeron a Pedro: Verdaderamente también tú eres de ellos, porque aun tu manera de hablar te descubre. Entonces él comenzó a maldecir, y a jurar: No conozco al hombre. Y en seguida cantó el gallo".

— Mateo 26: 69-74

Me imagino ese momento en donde Pedro no solo negó a Jesús sino que también juró que no lo conocía ni andaba con Él, cosa que era muy difícil de esconder. ¡La esencia de Cristo es única!

Cuando andamos constantemente en una relación íntima con alguien, sin darnos cuenta adoptamos su forma de hablar, su forma de pensar, y hasta algunos de sus gestos y hábitos. Era muy difícil esconder la relación con Jesús. Lamentablemente, el Señor tuvo que experimentar la traición de sus propios discípulos.

Jesús sufrió traiciones que no solo causaron quebrantos del alma sino quebrantos físicos. La manifestación de la traición contra Jesús fue despiadada; el dolor infligido en Su cuerpo, indescriptible. La Palabra nos describe un poco la intensidad de Su dolor:

"Y estando en agonía, oraba más intensamente; y era su sudor como grandes gotas de sangre que caían hasta la tierra".

— Lucas 22:44

Él sabía lo que se aproximaba--el cruento dolor que sufriría--y lo soportó por amor a nosotros para conducirnos a la salvación, infundirnos paz e impartir sanidad a nuestras vidas.

"Mas él herido fue por nuestras rebeliones, molido por nuestros pecados; el castigo de nuestra paz fue sobre él, y por su llaga fuimos nosotros curados".

— Isaías 53:5

A pesar de tan grande traición, Jesús no abrió su boca para quejarse. Nuestro Jesús yendo camino a la cruz en obediencia siempre demostró su gran humildad de siervo. La Biblia lo testifica:

"Fue oprimido y afligido, pero no abrió su boca; como cordero que es llevado al matadero, y como oveja que ante sus trasquiladores permanece muda, no abrió El su boca".

— Isaías 53:7

Esta fue una prueba de máxima sumisión a Dios Padre. La opresión y la aflicción de Jesús fueron profundas y aun así no hubo queja. En el Hijo se manifestó la expresión de Su gran amor hacia al prójimo y hacia Dios Padre:

"Y Jesús decía: Padre, perdónalos, porque no saben lo que hacen".

— Lucas 23:34

Son precisamente las pruebas de sufrimiento las que Dios permite para ver hasta qué grado eres capaz de perdonar. No creo que nadie haya pasado por el dolor que sufrió Jesús en la cruz. A pesar de todo ese sufrimiento, perdonó a los que causaron sus vituperios. Independientemente del tipo de ofensa, procuremos que no quede nada en nuestro corazón sin perdonar. ¡Amén!

La lección aprendida de no moverte de tu lugar o posición

Como cristianos siempre Satanás coloca trampas y minas en nuestro camino. ¿A qué vino el enemigo (Satanás es el ladrón) a esta tierra?

> *"El ladrón no viene sino para hurtar y matar y destruir; yo he venido para que tengan vida, y para que la tengan en abundancia".*
>
> *— Juan 10:10*

Satanás querrá aniquilar tu ministerio, destruir tu familia, destruirte por medio de enfermedades, hurtar tus finanzas y alterar tus emociones, entre otras cosas. Es muy importante tener el don de discernimiento para que el enemigo no nos pueda engañar, llevándonos por el camino incorrecto.

No debemos irnos a otra iglesia, dejar nuestro trabajo o romper una relación matrimonial sin Dios habernos dado las directrices para ello. Dios y sus principios bíblicos deben ser lo que dirija nuestras decisiones.

Hay que perseverar en lugar de rendirnos ante las dificultades y obstáculos; no vale la pena rendirse. Sería sabio preguntarnos; ¿si aquello que nos está empujando a irnos de nuestro lugar o de nuestra posición son las emociones, la desilusión, el enojo o nuestros propios juicios?

Casi siempre cuando estamos a punto de alcanzar una gran bendición llega una prueba que nos sacude y en donde no nos explicamos porqué si Dios habló algo a nuestra vida, ahora todo luce contrario a esa palabra; si permanecemos en nuestra posición recibiremos la victoria.

No dejemos nuestro lugar; ese es el lugar o posición donde Jehová nos plantó para fructificar. Aunque creamos que la promesa de Dios está tomando mucho tiempo, esperemos en Él. Jehová nos anima a confiar y esperar:

"Aunque la visión tardará aún por un tiempo, mas se apresura hacia el fin, y no mentirá; aunque tardare, espéralo, porque sin duda vendrá, no tardará".

— Habacuc 2:3

No pierdas la esperanza. El enemigo intentará agotarte para que pienses que lo prometido no llegará; que lo que haces no vale la pena; te dirá "mira como los años pasan", "tú no vas a llegar" e intentará que desistamos a toda costa. Satanás intentará todo tipo de provocación a través de personas para que reaccionemos negativamente y luego acusarnos de no tener dominio propio. No perdamos el control de nuestras emociones.

"Someteos, pues, a Dios; resistid al diablo, y huirá de vosotros".

— Santiago 4:7

No es tiempo de rendirnos, sino de caminar en la voluntad de Dios, de resistir al enemigo y de avanzar. Dios se ha de glorificar y siempre está listo para ayudarnos.

La lección aprendida en el manejo de las finanzas

Otra lección que debemos aprender se encuentra en el área de las finanzas. Dios nos provee lo que necesitamos, pero a veces no le damos lo que le pertenece—el diezmo y las ofrendas.

"¿Robará el hombre a Dios? Pues vosotros me habéis robado. Y dijisteis: ¿En qué te hemos robado? En vuestros diezmos y ofrendas".

— **Malaquías 3:8**

Es necesario entender que al obedecer a Dios en los diezmos y ofrendas recibiremos una provisión y protección especial no solo en las finanzas sino en todo lo que Él ha permitido que llegue a nuestras manos. Dios no solo evitará que tu jornal sea echado en saco roto sino que vendrán bendiciones sorprendentes a tu vida. Dios no trata con nosotros a medias; lo hace en su totalidad.

No es por pura coincidencia que Dios dice en su Palabra que el amor al dinero es la raíz de todos los males (1 Timoteo 6:10). Dios no nos quiere arraigados al dinero; Dios no quiere que hagamos del dinero un ídolo; Dios quiere que seamos sabios en el manejo de éste, demostrando así una buena mayordomía.

Amados, Dios nos probará en el área financiera; tú mismo te darás cuenta en dónde está tu corazón, si en Él o en cosas vanas. Veamos la historia bíblica del joven rico cuando Jesús le dijo que vendiera sus pertenencias y las diera a los pobres a fin de seguirle.

"Entonces vino uno y le dijo: Maestro bueno, ¿qué bien haré para tener la vida eterna? Él

le dijo: ¿Por qué me llamas bueno? Ninguno hay bueno sino uno: Dios. Mas si quieres entrar en la vida, guarda los mandamientos. Le dijo: ¿Cuáles? Y Jesús dijo: No matarás. No adulterarás. No hurtarás. No dirás falso testimonio. Honra a tu padre y a tu madre; y, Amarás a tu prójimo como a ti mismo. El joven le dijo: Todo esto lo he guardado desde mi juventud. ¿Qué más me falta? Jesús le dijo: Si quieres ser perfecto, anda, vende lo que tienes, y dalo a los pobres, y tendrás tesoro en el cielo; y ven y sígueme. Oyendo el joven esta palabra, se fue triste, porque tenía muchas posesiones".

— **Mateo 19: 16-22**

Esta historia nos enseña cuán errada puede estar una persona pensando que está caminando perfectamente bien con el Señor. Cuando Jesús le respondió al joven rico respecto a lo que le faltaba para seguirlo y para tener tesoros en el cielo, el joven se entristeció. El joven rico no quería soltar sus posesiones; le costaba mucho, pues estaba aferrado a ellas.

Esto no quiere decir que una persona rica no pueda ser salva y tener su galardón--ya que para Dios no hay nada imposible--pero ni su dinero ni ninguna otra cosa deben ser obstáculos para seguir a Jesús tal como Él nos ha enseñado. Y no solo le seguimos porque nos haya enseñado que esa es la forma, sino que lo hacemos por el amor que le tenemos a Dios.

Otra área que debemos considerar como hijos de Dios es la inversión del dinero. Desafortunadamente, muchas veces manejamos mal las bendiciones financieras que recibimos. Una forma de mal manejo del dinero es cuando invertimos grandes cantidades de dinero sin consultarle a Dios.

Las consecuencias de no consultar a Dios pueden ser perjudiciales, ya que podríamos sufrir una escasez financiera. Por la razón anterior hay muchas personas en quiebra y sin crédito. ¿En quién o en qué estamos invirtiendo? Es una pregunta para meditar. La única forma de romper con este tipo de error es buscando la sabiduría, el consejo y la dirección de Dios. Seamos generosos sin dejar de ser cuidadosos.

En este tema de las finanzas, también Dios nos ha dado directrices respecto al prójimo. Dios prueba nuestro amor a Él y al prójimo. Hurtar no es una muestra de amor. Se hurta cuando se toma lo que no se debe, cuando elegimos no pagar luego de un acuerdo, cuando cobramos intereses con usura, cuando pagamos demasiado poco por un trabajo o cuando aumentamos excesivamente el costo de productos sin ninguna razón. La orden de Dios es:

"No hurtarás".

— Deuteronomio 5:19

"No oprimirás a tu prójimo, ni le robarás. No retendrás el salario del jornalero en tu casa hasta la mañana".

— Levítico 19:13

Tenemos que ser justos con el prójimo o con el obrero si queremos tener la bendición de Jehová. Todo lo que el hombre sembrare eso también segará. Planificar el mal y ejecutarlo le abre las puertas al enemigo y le da derecho legal para atacar distintas áreas de nuestras vidas.

"No debáis a nadie nada, sino el amaros unos a otros; porque el que ama al prójimo, ha cumplido la ley".

— Romanos 13:8

Otra área en el tema de las finanzas es la contribución sobre ingresos. No podemos ser creyentes que mienten en la planilla de contribución sobre ingresos para obtener más beneficios. Esto es doble pecado porque aparte de mentir se le roba al gobierno. Esta acción puede perjudicarnos aun legalmente; nos alcanzarán las consecuencias por recibir un poco más de dinero o evitar pagarle al gobierno.

Hurtar no es cuidar lo que Dios nos ha dado, ya que se puede terminar pagando muchas más penalidades cuando se descubra que hubo fraude. Estarás afectando tu testimonio y desagradando a Dios al mentir por la codicia. La Biblia nos manda a no robarle a Dios ni a los hombres.

Dios es específico en su Palabra. Dios no necesita dinero, pero aquí en la tierra se necesita dinero para que haya alimento en la casa de Dios; para expandir el Evangelio a otras partes de la tierra; para establecer misiones y para ayudar al necesitado. Seamos generosos por agradecimiento al Señor.

La Lección Aprendida de No Dejarte Desalentar.

El desánimo se define como "Falta de ánimo, fuerza o energía para hacer, resolver o emprender algo". (Obtenido de https://es.oxforddictionaries. com/definición/desanimo). Son muchas las cosas que llegan a nuestras vidas con el fin de restarnos fuerza para iniciar o continuar lo que Dios nos ha mandado.

A veces el tiempo que transcurre en la espera de tu petición y los obstáculos que se presentan pueden causarnos impaciencia, desesperación y desánimo. Quizás estemos esperando una promesa de Dios desde hace mucho tiempo; no nos desesperemos ni tomemos decisiones apresuradas porque podríamos cometer un grave error. Tratemos de no llegar hasta el abatimiento durante la espera.

El Salmista David contrarrestaba el desánimo y otros sentimientos hablándole a su alma:

"¿Por qué te abates, oh alma mía, Y te turbas dentro de mí? Espera en Dios; porque aún he de alabarle, Salvación mía y Dios mío".

— Salmos 42:5

Este es un versículo de confianza en Dios en medio de las aflicciones y del abatimiento. Implica que no hay razón para turbarse; que lo único que hay que hacer es esperar la respuesta divina. En medio de la alabanza viene la victoria. La alabanza a Dios también nos dará una fortaleza sobrenatural para continuar avanzando.

Otras veces llega el desánimo cuando pensamos que no realizamos las cosas con excelencia; simplemente porque no salieron como pensábamos. Nos convertimos en los peores críticos de lo que hacemos y hasta nos culpamos por las acciones de otros. A veces dudamos de las capacidades que Dios nos ha dado cuando realizamos un proyecto o servicio a Dios. Sin embargo, Dios quiere que tengamos confianza en que lo que hacemos por Él y para Él nunca será en vano y que las cosas nos saldrán bien.

"Así que, hermanos míos amados, estad firmes y constantes, creciendo en la obra del Señor siempre, sabiendo que vuestro trabajo en el Señor no es en vano".

— 1 Corintios 15:58

Todo le pertenece a Él; por medio de Él recibimos lo necesario para llevar a cabo toda buena obra. El fin de todo lo que realizamos es glorificar a Dios.

"Porque de él, y por él, y para él, son todas las cosas. A él sea la gloria por los siglos. Amén".

— Romanos 11:36

Para continuar sirviendo con entusiasmo, tenemos que llenar nuestro espacio y tiempo con la presencia de Dios. Dios quiere que actuemos con la fe y la seguridad de que somos hijos del Dios viviente. Es necesario conocer nuestra identidad y quiénes somos en Él. Será más difícil desanimarte cuando conoces quién eres en Cristo.

También se puede dar el caso en que la crítica o la negatividad de otros, a causa de la envidia, tienda a desalentarte; no lo permitas. Saca rápidamente de tu mente todo pensamiento que pueda causarte tristeza, aflicción, ansiedad, culpabilidad o hasta complejos; los pájaros revolotean, pero no permitas que hagan un nido sobre tu cabeza. Estás trabajando para el Señor, no para los hombres. Ocúpate siempre de darle lo mejor a Él y despreocúpate del negativismo de otros.

"He visto asimismo que todo trabajo y toda excelencia de obras despierta la envidia del hombre contra su prójimo".

— Eclesiastés 4:4

Sí eres criticado o perseguido por realizar una excelente tarea, dale la Gloria a Dios. Cuando te sucedan cosas negativas simplemente no te defiendas; solamente habla con Dios y pídele que sea tu abogado. Échate a un lado y permite que sea el Soberano Padre Celestial quien pelee por ti; y verás asombrosos resultados.

Por otra parte, también tenemos que estar receptivos a lo que se conoce como la crítica constructiva. La crítica constructiva nos ayuda a mejorar áreas en nuestras vidas, en nuestro ministerio y en nuestro trabajo. Por lo tanto, éstas críticas no deben tomarse como algo negativo, al contrario, surgen para nuestro beneficio y para el beneficio del Reino de Dios. Es importante que la persona que presenta una crítica haya analizado todos los ángulos de un asunto de manera objetiva y que lo haga en el momento oportuno para que sea bien recibida por el receptor.

DIOS ES FIEL

Si en tu intimidad con Dios recibiste una Palabra o promesa del Señor, no dudes que Él cumplirá. Sé firme y no te rindas sobre aquello que Dios te habló o mostró, a pesar de los obstáculos que se te presenten. Busca la aprobación de Dios; no son las demás personas las que determinan tu destino, sino Dios.

El ser humano falla, aún sin querer. Estas cosas sucederán y a veces hasta se malinterpretará lo que se ha dicho sobre ti. No te desanimes, ya que hasta los discípulos malinterpretaron la palabra que Jesús había dicho sobre Juan. Por alguna razón este acontecimiento quedó registrado en la Biblia por el mismo Juan.

"Entonces Pedro, volviéndose, ve a aquel discípulo al cual Jesús amaba, que los

seguía, el que también se había recostado en su pecho en la cena, y le había dicho: Señor, ¿quién es el que te va a entregar? Cuando Pedro lo vio, dijo a Jesús: Señor, ¿y éste qué? Jesús le dijo: Si quiero que él quede hasta que yo venga, ¿qué a ti? Tú sígueme. Salió entonces este dicho entre los hermanos, que aquel discípulo no moriría. Pero Jesús no le dijo: No morirá; sino: Si quiero que él quede hasta que yo venga ¿qué a ti? Éste es el discípulo que da testimonio de estas cosas, y escribió estas cosas; y sabemos que su testimonio es verdadero".

— Juan 21:20-24

En el pasaje anterior un discípulo le cuestiona al Maestro sobre otro discípulo de una forma un tanto rara. Jesús le respondió al discípulo y comenzaron los comentarios de la mala interpretación que le dieron los demás a las palabras dichas por Jesús. Estas mismas malinterpretaciones suceden hoy día en la viña del Señor; no se hacen intencionalmente, sino que la naturaleza humana piensa y actúa basada en sus percepciones.

Pidámosle a Dios que siempre ilumine nuestras percepciones con Su verdad para que no fallemos al evaluar una situación ni tengamos pensamientos equivocados de nuestro prójimo.

La lección aprendida de no creer toda palabra que se haga llamar "profética".

En nuestro sendero como cristianos se nos presentaran personas que nos dirán que tienen una palabra de parte de Dios y si así es, Amén. Dios nos ha dado su Santo Espíritu, el cual nos lleva a toda verdad. No vamos a andar en una modalidad de sospecha todo el tiempo, pero a veces se tiene la tendencia de creer de una vez lo que se nos dice. Las Escrituras nos hablan de escudriñar los espíritus para determinar si son de Dios. ¿Cómo los distinguiremos? La Palabra es clara y nos presenta la respuesta a esta situación:

> *"Amados, no creáis a todo espíritu, sino probad los espíritus si son de Dios; porque muchos falsos profetas son salidos en el mundo. En esto conoced el Espíritu de Dios: todo espíritu que confiesa que Jesucristo es venido en carne es de Dios: Y todo espíritu que no confiesa que Jesucristo es venido en carne, no es de Dios: y éste es el espíritu del anticristo, del cual vosotros habéis oído que ha de venir, y que ahora ya está en el mundo".*
>
> *— 1 Juan 4:1-3*

Ha quedado muy clara la forma de Dios para probar los espíritus. Si no pueden confesar que Jesucristo ha venido en carne, estos espíritus no son de Dios. Busquemos diariamente a Dios y estemos atentos para poder discernir el espíritu del anticristo. Ninguna palabra profética puede estar en contra de los principios bíblicos de Dios; si lo está, entonces se debe descartar de inmediato.

Una palabra que se haga llamar profética y no lo sea, puede resultar en graves consecuencias tanto para el que la da como para el que la recibe como verdadera. Cuando alguien te diga que Dios le dijo que salgas de tu iglesia para irte a otra porque allá serás un líder, no creas eso de una vez porque está apelando a tu ego en lugar de a la voluntad de Dios.

Hay palabras que han salido de la boca de personas ungidas, sin ser palabras que han salido de la boca Dios. Esas palabras son como saetas o dardos de fuego porque te tratan de desviar del propósito divino. Estas saetas, desde el momento que son lanzadas, tienen el potencial de causar grandes inquietudes y ansiedades a tu alma; y la ansiedad te puede enfermar. Si te sucede algo así, no creas esa palabra; Dios te está poniendo una bandera roja de alerta. Veamos un ejemplo de cómo Satanás quería evitar que se cumpliera el plan de salvación:

"Desde entonces comenzó Jesús a declarar a sus discípulos que le era necesario ir a Jerusalén y padecer mucho de los ancianos, de los principales sacerdotes y de los escribas; y ser muerto, y resucitar al tercer día. Entonces Pedro, tomándolo aparte, comenzó a reconvenirle, diciendo: Señor, ten compasión de ti; en ninguna manera esto te acontezca. Pero él, volviéndose, dijo a Pedro: ¡Quítate de delante de mí, Satanás!; me eres tropiezo, porque no pones la mira en las cosas de Dios, sino en las de los hombres".

— Mateo 16:21-23

En el pasaje anterior podemos ver como Satanás habla a través de Pedro para tratar de desviar a Jesús de su propósito de redimir y salvar a la humanidad. La redención y salvación solo podía ocurrir a través de la muerte y resurrección de Jesús, el Hijo de Dios. Él era el sacrificio perfecto cuya sangre tenía que ser derramada para borrar nuestros pecados.

Dios tiene un plan para nuestras vidas y nos quiere proteger de peligros que nos son invisibles y que solo Él conoce. Dios conoce la intención de aquel que llega con una palabra "profética". La intención del mensajero de esa palabra puede ser buena, pero estar equivocada, como también puede ser dada con malas intenciones.

Quizás usted piense, hermana pero qué dice usted. Muchas veces la palabra dada, los muchos elogios o lisonjas y el aparentar salvar a alguien de algo, no necesariamente significa que lo hacen por usted. Muchas veces esto sucede porque hay intereses de parte del que realiza dichas acciones; sé que suena fuerte, pero es bíblico. Vamos a ver qué dice la Palabra sobre la mala intención:

"Porque tales personas no sirven a nuestro Señor Jesucristo, sino a sus propios vientres, y con suaves palabras y lisonjas engañan los corazones de los ingenuos".

— Romanos 16:18

Según la Real Academia Española la palabra lisonja se define como "Alabanza afectada para ganar la voluntad de alguien". El versículo anterior comienza diciendo "porque tales personas". ¿Quiénes son esas tales personas? En el contexto bíblico correcto se refiere a los falsos maestros o profetas que desean seducir a las almas--de la forma que sea--para llevarlas a creer en las mismas falsas doctrinas que ellos creen. Estos falsos maestros o profetas eran los que causaban divisiones en el pueblo con el fin de engañar a los más ingenuos para que creyesen en su doctrina.

En este tiempo ha habido un gran auge de doctrinas de demonios. Estas doctrinas niegan la soberanía de

Dios y exaltan con supremacía al hombre. Un ejemplo de estas doctrinas es el evangelio de la prosperidad en donde se implica que podemos darle a Dios la orden de que nos bendiga financieramente y gastar nuestro dinero de forma extravagante.

La doctrina de la prosperidad enfatiza la importancia del poder personal, proponiendo que la voluntad de Dios es que su pueblo sea bendecido. Según esta doctrina la enfermedad y la pobreza se consideran maldiciones que deben romperse por la fe, ya que se incluyeron en la expiación. Se cree que el rompimiento de estas maldiciones se logra a través de donaciones de dinero, visualización y confesión positiva. (Obtenido de https://es.wikipedia.org/ wiki/ Teolog%C3%ADa_de_la_ prosperidad)

Las falsas doctrinas se crean sacando un texto fuera de contexto y aludiendo a la lógica y razonamiento del ser humano. Es necesario estar atentos a lo que dice la Palabra sobre los últimos tiempos. El Espíritu de Dios nos enseña lo siguiente:

"El Espíritu dice claramente que en los últimos tiempos algunos se apartarán de la fe, prestando atención a espíritus engañadores y a doctrinas de demonios".

— 1 Timoteo 4:1

Hay que tener mucho cuidado a quién escuchamos. En este tiempo que vivimos se ha manifestado un auge de falsos profetas que les presentan a las personas doctrinas anticristianas. La intención de Satanás es hurtar, matar y destruir (Juan 10:10).

"pero hubo también falsos profetas entre el pueblo, como habrá entre vosotros falsos maestros, que introducirán encubiertamente herejías destructoras, y aún negarán al Señor que los rescató, atrayendo sobre sí mismos destrucción repentina. Y muchos seguirán sus disoluciones, por causa de los cuales el camino de la verdad será blasfemado, y por avaricia harán mercadería de vosotros con palabras fingidas. Sobre los tales ya de largo tiempo la condenación no se tarda, y su perdición no se duerme".

— 2 Pedro 2:1-3

Gracias a Dios que los cristianos genuinos no estamos a la venta para que hagan mercadería con nosotros. La Palabra nos aconseja lo siguiente ante todo lo que se nos predique, profetice o enseñe:

"Examinadlo todo; retened lo bueno".

1 Tesalonicenses 5:21

No toda acción viene de Dios ni toda palabra sale de Su boca. Sabemos que estamos en el tiempo de la gracia, pero ningún siervo de Dios debe ceder a la tentación de darle a las personas palabra suya en lugar de Palabra de Dios. No se puede hablar con presunción. Esta acción tarde o temprano tendrá su consecuencia.

En el antiguo testamento podemos ver un ejemplo de las consecuencias funestas que sufrió una persona que habló una falsa profecía, aún después de haber escuchado advertencias contra ello. Me refiero al profeta Hananías. El profeta Hananías comenzó a darle falsas profecías al pueblo de Israel, además de humillar a Jeremías, pero sucedió que al final el humillado fue él y su pago fue la muerte.

"Aconteció en el mismo año, en el principio del reinado de Sedequías, rey de Judá, en el año cuarto, en el quinto mes, que Hananías hijo de Azur, profeta que era de Gabaón, me habló en la casa de Jehová delante de los sacerdotes y de todo el pueblo, diciendo: Así habló Jehová de los ejércitos, Dios de Israel, diciendo: Quebranté el yugo del rey de Babilonia. Dentro de dos años haré volver a este lugar todos los utensilios de la casa de Jehová, que Nabucodonosor rey de Babilonia tomó de este lugar para llevarlos a Babilonia, y yo haré volver a este lugar a

Jeconías hijo de Joacim, rey de Judá, y a todos los transportados de Judá que entraron en Babilonia, dice Jehová; porque yo quebrantaré el yugo del rey de Babilonia. Entonces respondió el profeta Jeremías al profeta Hananías, delante de los sacerdotes y delante de todo el pueblo que estaba en la casa de Jehová. Y dijo el profeta Jeremías: Amén, así lo haga Jehová. Confirme Jehová tus palabras, con las cuales profetizaste que los utensilios de la casa de Jehová, y todos los transportados, han de ser devueltos de Babilonia a este lugar. Con todo eso, oye ahora esta palabra que yo hablo en tus oídos y en los oídos de todo el pueblo: Los profetas que fueron antes de mí y antes de ti en tiempos pasados, profetizaron guerra, aflicción y pestilencia contra muchas tierras y contra grandes reinos. El profeta que profetiza de paz, cuando se cumpla la palabra del profeta, será conocido como el profeta que Jehová en verdad envió. Entonces el profeta Hananías quitó el yugo del cuello del profeta Jeremías, y lo quebró. Y habló Hananías en presencia de todo el pueblo, diciendo: Así ha dicho Jehová: De esta manera romperé el yugo de Nabucodonosor rey de Babilonia, del cuello de todas las naciones, dentro de dos años. Y siguió Jeremías su camino. Y después que el profeta Hananías rompió el yugo del cuello del profeta Jeremías, vino palabra de Jehová a Jeremías, diciendo: Ve y habla a Hananías, diciendo: Así ha dicho Jehová: Yugos de madera quebraste, mas en vez de ellos harás yugos de hierro. Porque así ha dicho Jehová de los ejércitos, Dios de Israel: Yugo de hierro puse sobre el cuello de todas estas naciones, para que sirvan a Nabucodonosor rey de Babilonia, y han de servirle; y aun también le he dado las bestias del campo. Entonces dijo el profeta Jeremías al profeta Hananías: Ahora oye, Hananías: Jehová no te envió, y tú has hecho confiar en mentira a este pueblo. Por tanto, así ha dicho Jehová: He aquí que yo te quito de sobre la faz de la tierra; morirás en este año, porque hablaste rebelión contra Jehová. Y en el mismo año murió Hananías, en el mes séptimo".

— Jeremías 28:1-17

Este serio pecado de dar falsas profecías puede causar mucha confusión en el pueblo de Dios y una total desorientación en el creyente. Las profecías ilusorias pueden llevar al creyente a tener falsas esperanzas, a desesperarse cuando ve que no se cumple la profecía y a dar pasos en una dirección que quizás le conduzcan hasta caminos de muerte.

La persona que lleva a otra rumbo a la destrucción, le tendrá que dar cuentas a Dios de ello. Venimos a esta tierra a ayudar a otros a entrar en el camino de la Salvación, no a llevarlos por caminos de muerte. Tristemente los mensajes dados con presunción ocurren con más frecuencia de lo que pensamos. En la Palabra tenemos varios ejemplos en cuanto a esta forma de proceder.

En 1 Reyes 13:1-33 hay otro relato interesante sobre el tema de la profecía y el engaño. Hubo una situación en la que se estaba escogiendo a gente de cualquier tribu para que fuesen sacerdotes y ministrasen en los santuarios de las colinas. Se le daba autoridad a cualquiera que quisiese ser sacerdote; un total desorden en los altares de Jehová.

Dios le habló a un joven profeta para que le llevara un mensaje al Rey Jeroboam. El mensaje que dio el varón de Dios hablaba en contra del altar en Betel.

"Y yendo tras el varón de Dios, le halló sentado debajo de una encina, y le dijo: ¿Eres tú el varón de Dios que vino de Judá? El dijo: Yo soy. Entonces le dijo: Ven conmigo a casa, y come pan. Mas él respondió: No podré volver contigo, ni iré contigo, ni tampoco comeré pan ni beberé agua contigo en este lugar. Porque

por palabra de Dios me ha sido dicho: No comas pan ni bebas agua allí, ni regreses por el camino por donde fueres. Y el otro le dijo, mintiéndole: Yo también soy profeta como tú, y un ángel me ha hablado por palabra de Jehová, diciendo: Tráele contigo a tu casa, para que coma pan y beba agua. Entonces volvió con él, y comió pan en su casa, y bebió agua. Y aconteció que estando ellos en la mesa, vino palabra de Jehová al profeta que le había hecho volver. Y clamó al varón de Dios que había venido de Judá, diciendo: Así dijo Jehová: Por cuanto has sido rebelde al mandato de Jehová, y no guardaste el mandamiento que Jehová tu Dios te había prescrito, sino que volviste, y comiste pan y bebiste agua en el lugar donde Jehová te había dicho que no comieses pan ni bebieses agua, no entrará tu cuerpo en el sepulcro de tus padres. Cuando había comido pan y bebido, el que le había hecho volver le ensilló el asno. Y yéndose, le topó un león en el camino, y le mató; y su cuerpo estaba echado en el camino, y el asno junto a él, y el león también junto al cuerpo. Y he aquí unos que pasaban, y vieron el cuerpo que estaba echado en el camino, y el león que estaba junto al cuerpo; y vinieron y lo dijeron en la ciudad donde el viejo profeta habitaba. Oyéndolo el profeta que le había hecho volver del camino, dijo: El varón de Dios es, que fue rebelde al mandato de Jehová; por tanto, Jehová le ha entregado al león, que le ha quebrantado y matado, conforme a la palabra de Jehová que él le dijo".

— *1 Reyes 13:14-26*

Después de leer esta porción de la Palabra llegó nuevamente a mi pensamiento cuán importante es tener el discernimiento de Dios para poder distinguir entre la verdad y el engaño. Dios le habló directamente al joven profeta, dándole unas instrucciones; sin embargo, llegó un viejo profeta con unas instrucciones distintas y convence al joven profeta a desobedecer.

¿Cómo convenció el viejo profeta al joven? Su estrategia fue brindarle confianza al joven profeta, convenciéndole de que él también ejercía en esa capacidad. Solo puedo imaginarme la escena en la mesa cuando el joven profeta recibió un mensaje del viejo profeta contrario al primer mensaje que él mismo le había dado. Estaría confundido y atribulado pensando cómo por el mismo hombre salen dos cosas totalmente contrarias.

Cuando Dios quiere enviar un mensaje utiliza a quien sea para darlo. Por la boca del viejo profeta engañador salió la mentira, pero luego Dios usa al mismo viejo profeta para hablar en referencia a la palabra que originalmente Dios le había dado al joven. No aceptemos mensajes de segunda mano cuando ya Dios nos ha dado el suyo directamente.

Cuando Dios nos da instrucciones debemos llevarlas a cabo de inmediato y sin detenernos--como se detuvo el joven a sentarse debajo de una encina--durante el proceso de ejecución. Si no lo hacemos exactamente como Dios nos instruye corremos el riesgo de que el enemigo tome ventaja de la situación. Dios conoce todas las artimañas del enemigo y nos quiere librar de ellas. Dios no quiere finales funestos para nuestras vidas.

Después de este acontecimiento el Rey Jeroboam continuó desobedeciendo y nombrando a personas de cualquier tribu como sacerdotes. Todo lo anterior causó que la dinastía de Jeroboam pecara y que desaparecieran de la faz de la tierra (1 Reyes 13:33-34). Dios es Santo y celoso con su altar. El único que puede asignar un llamado es Dios; no el hombre.

En este tema de las profecías, hoy día nos encontramos con el peligro de que hay mucho comezón de oír. Las personas acuden a cualquier tipo de reunión en donde desean que se les hable lo que les endulce el oído. La Palabra de Dios es dulce y consuela, pero también es útil para corregir y exhortar. Su propósito no es decirnos "lo puedes hacer si te gusta". La Escritura nos advierte lo siguiente sobre este asunto:

"Porque vendrá tiempo cuando no sufrirán la sana doctrina, sino que teniendo comezón de oír, se amontonarán maestros conforme a sus propias concupiscencias, y apartarán de la verdad el oído y se volverán a las fábulas".

— 2 Timoteo 4:3-4

Veamos un par de significados del término "fábula", según la Real Academia Española: 1. Cuento o novela livianos y sin más fin que el de entretener o divertir a los lectores. 2. Ficción artificiosa con que se encubre o disimula una verdad. (Obtenido de http://recursosdidacticoses/goodrae/ Definicionmov.php)

Lo que está sucediendo en este siglo es que se ha multiplicado la maldad y se trata disimuladamente de encubrir y tergiversar la verdad de Cristo. Además, muchos están entreteniendo grandes multitudes con las palabras que éstas desean escuchar; palabras que no les retan a mejorar a la manera de Dios ni les presentan verdades bíblicas. Estas multitudes desechan lo que les incomoda o no les parece, aunque venga de Dios.

El fin de todo lo anterior es no perder el lucro existente que se ha extraído del pueblo. No olvidemos que la raíz de todos los males es el amor al dinero. Es por amor al dinero que hay hombres a cargo de iglesias adoctrinando a feligreses bajo sus propias concupiscencias. Hay personas para quienes lo material, la fama y el dinero constituyen una gran tentación.

Es triste cuando las personas ceden a esa tentación y aceptan el soborno, aun sabiendo que esto trasciende hasta el punto de perjudicar al pueblo de Dios. No obstante, cuán agradable es saber que hubo hombres en la Biblia que jamás aceptaron el soborno; hombres cuya fidelidad a Dios es admirable. Veamos una porción de un caso bíblico en donde el Rey Balaac de Moab, trató de sobornar al profeta Balaam para que maldijera al pueblo de Israel:

"los cuales vinieron a Balaam, y le dijeron: Así dice Balac, hijo de Zipor: Te ruego que no dejes de venir a mí; porque sin duda te honraré mucho, y haré todo lo que me digas; ven, pues, ahora, maldíceme a este pueblo. Y Balaam respondió y dijo a los siervos de Balac: Aunque Balac me diese su casa llena de plata y oro, no puedo traspasar la palabra de Jehová mi Dios para hacer cosa chica ni grande. Os ruego, por tanto, ahora, que reposéis aquí esta

noche, para que yo sepa qué me vuelve a decir Jehová".

— *Números 22: 16-19*

El profeta Balaam demostró su fidelidad a Dios ante sus enemigos; solamente habló lo que Jehová le pidió que hablara. Este profeta nunca maldijo al pueblo de Israel como le había pedido el rey Balaac, al contrario lo bendijo; no una sino tres veces. Veamos una porción de lo ocurrido cuando el rey Balaac se enfureció por el profeta Balaam haber bendecido al pueblo de Israel:

"Entonces se encendió la ira de Balac contra Balaam, y batiendo sus manos le dijo: Para maldecir a mis enemigos te he llamado, y he aquí los has bendecido ya tres veces. Ahora huye a tu lugar; yo dije que te honraría, mas he aquí que Jehová te ha privado de honra".

— *Números 24:10-11*

El incidente anterior me trajo a la memoria una frase "Nadie maldice a quien Dios bendice". ¡Qué bueno que tenemos un Gran Defensor! Así que no nos vendamos por nada ni nadie porque jamás encontraremos una mayor protección ni un mayor amor que el de nuestro Señor Jesucristo.

No Comprometamos el Evangelio

Hoy día por amor al dinero se permiten muchas acciones en las iglesias que son totalmente antibíblicas. Por ejemplo, para tener más adeptos, hay personal eclesiástico casando a personas del mismo sexo: hombres con hombres y mujeres con mujeres. Como cristianos nuestro deber es tratar con respeto y amor a todos. No hay que maltratar, sino disuadir por medio de la Palabra a que se abandone el pecado. En cuanto a este argumento del homosexualismo, la Palabra de Dios es clara cuando dice:

"Y creó Dios al hombre a su imagen, a imagen de Dios lo creó; varón y hembra los creó".

— Génesis 1:27

Dios tenía un propósito con el ser humano bastante extenso y parte de ese propósito era que se reprodujera la raza humana y que ellos a su vez cultivasen y tuviesen la mayordomía de la tierra:

"Y los bendijo Dios, y les dijo: Fructificad y multiplicaos; llenad la tierra, y sojuzgadla, y

señoread en los peces del mar, en las aves de los cielos, y en todas las bestias que se mueven sobre la tierra".

— Génesis 1:28

No hay manera que personas del mismo género conciban hijos, ni siquiera con los animales sucede así, ya que en ambos casos Dios desde el principio deseaba que se multiplicara su creación. La unión con personas del mismo sexo es abominación a Jehová. La lista de pecados es larga, pero la fornicación, la inmundicia y la avaricia son considerados por Dios como idolatría. Nuestro Dios es un Dios celoso; es un Dios de santidad.

"y de igual modo también los hombres, dejando el uso natural de la mujer, se encendieron en su lascivia unos con otros, cometiendo hechos vergonzosos hombres con hombres, y recibiendo en sí mismos la retribución debida a su extravío. Y como ellos no aprobaron tener en cuenta a Dios, Dios los entregó a una mente reprobada, para hacer cosas que no convienen".

— Romanos 1:27-28

"Porque sabéis esto, que ningún fornicario, o inmundo, o avaro, que es idólatra, tiene herencia en el reino de Cristo y de Dios. Nadie os engañe con palabras vanas, porque por estas cosas viene la ira de Dios sobre los hijos de desobediencia".

— Efesios 5:5-6

Dios es Santo y no tolera la práctica del pecado. La Palabra solo tiene una verdad y es la de nuestro Señor. Lamentablemente en algunas iglesias se dan profecías falsas a nivel individual y general que resultan en la muerte espiritual de las almas.

De hecho, el término "profecía" aplica no solo al don en donde se predica Palabra de Dios, sino también a algún mensaje dado por Dios al nivel individual y colectivo. La Biblia es la profecía más segura y en ella se encuentra la voluntad del Padre.

La Biblia es la Palabra de Dios, no significa que contiene Palabra de Dios, sino que lo es en su totalidad y está libre de errores. Ésta incluye lo que Dios considera pecado y lo que es honroso para el hombre.

"Porque nunca la profecía fue traída por voluntad humana, sino que los hombres

de Dios hablaron siendo inspirados por el Espíritu Santo".

— 2 Pedro 1:21

Dios está muy en contra de aquellos que tergiversan su Palabra y hasta crean biblias nuevas con algunas partes añadidas o removidas. La Palabra nos especifica la terrible consecuencia de los que cometen el pecado de adulterar la Palabra de Dios.

"Yo testifico a todo aquel que oye las palabras de la profecía de este libro: Si alguno añadiere a estas cosas, Dios traerá sobre él las plagas que están escritas en este libro. Y si alguno quitare de las palabras del libro de esta profecía, Dios quitará su parte del libro de la vida, y de la santa ciudad y de las cosas que están escritas en este libro".

— Apocalipsis 22:18-19

Sin embargo, a pesar de la advertencia, muchas personas continúan tergiversando la Palabra de Dios para hacer ver como "buenas" aquellas cosas que no lo son; lo opuesto también es cierto, quieren hacer ver como "malas" las cosas buenas. Muchas veces el cristiano es acosado por la defensa del Evangelio. Ante estas situaciones Pablo le dijo a Timoteo:

"Pero tú sé sobrio en todo, soporta las aflicciones, haz obra de evangelista, cumple tu ministerio".

— 2 Timoteo 4:5

Aunque esté habiendo un auge de falsas profecías en el mundo, aunque muchos estén representando mal el Evangelio, aunque haya persecución, no debemos perder de vista la Gran Comisión asignada por Dios. Las instrucciones de Dios son:

"Y les dijo: Id por todo el mundo y predicad el evangelio a toda criatura. El que creyere y fuere bautizado, será salvo; mas el que no creyere, será condenado".

— Marcos 16:15-16

La Verdad de Cristo siempre resplandecerá y expondrá las tinieblas; es por eso que no nos debemos dar por vencidos en medio de los obstáculos. Corramos esta carrera sin temor porque Dios va a nuestro lado y pasaremos por encima de los obstáculos.

La lección aprendida de permanecer quietos delante de la presencia del Señor

Hay momentos en que Dios quiere que estemos quietos delante de su presencia para podernos hablar. Es difícil escuchar la voz del Señor cuando estamos ansiosos. Hay momentos especiales que no debemos dejar pasar en donde Dios está listo para hablarnos; momentos en que también podremos aprender de cada enseñanza que el Señor nos quiere dar.

Aprendí una lección de mi propio hijo Víctor cuando él apenas tenía un año. Tenía que alimentarlo, pero movía la cabeza de un lado para otro mientras yo tenía la cuchara de comida en mi mano para llevarla a su boca. Entonces le dije "Víctor si no te estás tranquilo no puedo alimentarte". En ese momento, de inmediato vino a mi mente que así mismo le pasa a Dios Padre con nosotros sus hijos cuando no estamos tranquilos para escuchar su voz; se hace difícil que Él nos alimente.

Hay veces que el ser humano no comprende la necesidad de estar a solas y concentrados en Dios. El Señor permite que pasemos por procesos desérticos para poder hablar a nuestro corazón. Este es un tiempo en donde nos sentimos solos e incómodos, nos encontramos en dificultades y solo podemos depender de Él. Hay veces que es necesario llegar hasta allí para que nuestra alma esté sedienta y nuestro oído presto a escuchar su dulce voz.

"Pero he aquí que yo la atraeré y la llevaré al desierto, y hablaré a su corazón".

— Oseas 2:14

Además de estar quietos, también Dios nos llama a ser pacientes y tener paz en medio de la respuesta.

"Pacientemente esperé a Jehová,   Y se inclinó a mí, y oyó mi clamor".

— Salmo 40:1

Habrá respuestas en las que tengamos que esperar por la acción de Jehová a largo plazo. Sin embargo, hay otras respuestas que Dios las da en el tiempo de conversación que con Él. Este es un tiempo de conversación en donde le hablamos a Dios y Él escucha, pero también uno en el que cuando Él habla quiere que escuchemos. Además, Dios no solo quiere que clamemos y esperemos su respuesta, sino que desea enseñarnos cosas que en nuestra mente finita no podríamos conocer sin Él.

"Clama a mí, y yo te responderé, y te enseñaré cosas grandes y ocultas que tú no conoces".

— Jeremías 33:3

El versículo anterior es una promesa de Dios. ¿Pero qué hacemos una vez Dios nos muestra o habla lo necesario? Él espera que actuemos conforme a lo que nos está mostrando o hablando y que no dudemos ni por un momento de que será lo mejor para nuestras vidas, para la vida de otras personas o para alguna situación.

No permitamos que nada ni nadie nos haga dudar de la Palabra específica que Dios nos ha dado. En la Palabra de Dios podemos ver cuáles son las estrategias del enemigo para engañarnos. Estemos alerta para detectarlas.

"Pero la serpiente era astuta, más que todos los animales del campo que Jehová Dios había hecho; la cual dijo a la mujer: ¿Conque Dios os ha dicho: No comáis de todo árbol del huerto?"

— Génesis 3:1

Aquí la serpiente le hizo creer a Eva que Dios la estaba engañando. ¡Qué osadía la del enemigo! De ahí podemos aprender a no permitir que ni el enemigo ni nadie nos insinúen que la Palabra que Dios nos ha hablado quizás no sea cierta o que posiblemente es producto de nuestra imaginación.

Satanás, que el Señor lo reprenda, lanzará dardos de fuego a nuestra mente; no vacilemos en medio de este ataque ni permitamos que la duda nos domine. La fe es lo que mueve la mano de Dios en toda circunstancia de nuestras vidas. Creamos y andemos por senderos de fe.

LA LECCIÓN APRENDIDA DE DISCERNIR ENTRE EMOCIONES, SENTIMIENTOS Y LA VOLUNTAD DE DIOS.

Para comprender mejor este segmento, vamos a definir que son emociones y sentimientos. Emoción vine del latín *emotio*, y se le define como "la variación profunda pero efímera del ánimo, lo cual puede ser agradable o penoso y presentarse junto a una conmoción somática (https://definicion.de/emocion/). El término griego "soma" quiere decir "cuerpo". Una conmoción es una agitación o alteración. Se podría decir que una conmoción somática es un tipo de alteración en el cuerpo.

Por lo tanto, la emoción puede ser intensa, pero efímera (transitoria) e ir acompañada de ciertas respuestas corporales intensas. Por ejemplo, la ira, una emoción negativa, puede producir síntomas dañinos al cuerpo tales como alta presión y a largo plazo podría causar úlceras y problemas estomacales.

Aparte de los síntomas arriba mencionados, se pueden producir ataques de pánico a causa de una emoción negativa profunda. Los ataques de pánicos vienen acompañados de varias respuestas corporales tales como: taquicardia y palpitaciones; sudor; temblores o sacudidas; falta de aliento u opresión en la garganta; escalofríos; sofocos; náuseas; calambres abdominales; dolor en el pecho; dolor de cabeza; mareos y sensación de desvanecimiento o desmayos.

Por otra parte, las emociones positivas tales como la alegría, traen consigo respuestas positivas a nuestro ser. La alegría nos da una sensación de bienestar, la cual es producida en nuestro cuerpo por las glándulas endorfinas. Estudios en esta área han demostrado que la felicidad aumenta las defensas de nuestro sistema inmunológico y mejora la circulación sanguínea.

La felicidad también implica ventajas en el aspecto emocional, ya que puede reforzar bastante nuestra autoestima y aumentar la creatividad del individuo. La felicidad también se refleja externamente en el rostro. (https://blog.cognifit.com /es/hormonas-de-la-felicidad/.

La Biblia nos dice:

"El corazón alegre hermosea el rostro; mas por el dolor del corazón el espíritu se abate".

— Proverbios 15:13

Ahora que dimos un vistazo a la definición de emoción y cómo las emociones tienen la capacidad de afectar nuestro cuerpo, hablaremos de las dos emociones principales que experimenta cada ser humano: el **AMOR** y el **TEMOR**. De la emoción del **AMOR** se deriva el gozo, la paz, la alegría, entre otros. De la emoción del **TEMOR** se deriva la ansiedad, la depresión, la tristeza y la ira, entre otras afecciones derivadas o ligadas al temor.

Hay un versículo bíblico que dice así:

"En el amor no hay temor, sino que el perfecto amor echa fuera el temor; porque el temor lleva en sí castigo. De donde el que teme, no ha sido perfeccionado en el amor".

— 1 Juan 4:18

Dios es el perfecto amor; es su amor el que vence todo temor en el hombre. Básicamente necesitamos madurar en el amor de Dios para que sea expulsado todo temor de nuestras vidas. Aprendiendo a confiar en su perfecto amor se vencerá toda emoción negativa que se deriva del temor.

Ahora veamos la definición de sentimiento:

"Un **sentimiento es un estado del ánimo** que se produce por **causas que le impresionan**, y éstas pueden ser alegres y felices, o dolorosas y tristes. **El sentimiento surge como resultado de una emoción** que permite que el sujeto sea consciente de su estado anímico (https://definicion.de/ sentimiento/).

Algo de lo cual debemos estar conscientes es que aunque las emociones sean de corta duración, pueden generar sentimientos que perduren a lo largo de los años. En otras palabras, nos emocionamos al principio de una situación, positiva o negativamente y esa emoción efímera pasa, pero luego de ésta crece un sentimiento positivo o negativo.

Por ejemplo, en el caso de abuso psicológico se puede generar una emoción efímera e intensa de temor, pero la persona puede desarrollar un sentimiento de inseguridad o rechazo a largo plazo. Estas situaciones pueden crear raíces de amargura en donde habría que tratar con la persona y ministrarle para que sane su alma.

Lo más importante es que nuestras decisiones no se pueden basar en las emociones--pues son efímeras-ni en los sentimientos producidos por las mismas. Nuestras decisiones solamente se deben tomar basándonos en la voluntad de Dios. La perfecta fuente de confiabilidad es el Señor.

"Engañoso es el corazón más que todas las cosas, y perverso; ¿quién lo conocerá?"

— Jeremías 17:9

No permitas que te engañen tus emociones o tus sentimientos; no te dejes desviar por el enemigo de las almas. Dios te conoce más de lo que tú mismo te conoces y ya tiene un plan para ti. Creamos en lo que

Dios aprueba en su Palabra o en lo que nos muestra o habla al corazón.

Dios es la brújula que nos lleva hacia Su propósito divino. Dios es quien te protege de ti mismo. Él es quien te corona de favores y misericordias. El Señor es tu mejor Consejero y Amigo. Toda decisión dirigida por Él te llevará hacia Su propósito y sobre todo te dará paz. Y ¿qué nos dice La Palabra de Dios respecto a su voluntad?

"No os conforméis a este siglo, sino transformaos por medio de la renovación de vuestro entendimiento, para que comprobéis cuál sea la buena voluntad de Dios, agradable y perfecta".

— Romanos 12:2

Es esencial profundizar más en la Palabra de Dios para conocer su voluntad, intimar más con Él para poder escuchar su voz y vivir las experiencias sobrenaturales que Él nos permite a través de nuestros sentidos. Estas experiencias nos ayudan a solucionar enigmas en la vida, pero nunca estarán en contradicción con su bendita Palabra.

Lo anterior no significa que vamos a vivir como místicos—la fuente primordial para toda acción es la Palabra de Dios-sino que las experiencias divinas nos confirman asuntos que solo Dios conoce en Su omnisciencia. Les voy a relatar una experiencia que tuve hace años, en donde la voluntad de Dios era que orara para evitar que algo trágico sucediera.

Aunque estoy jubilada de mi trabajo, hasta hace un par de años trabajé en el Fuerte Benning, Georgia. Una noche soñé con una compañera de trabajo. En el sueño ella manejaba su auto y yo estaba en el asiento de atrás y podía ver todo el panorama a través del cristal en relación a cómo el enemigo pensaba matarla. El Señor me mostró lluvia y el carro que se movía sin control de un lado a otro debido a un problema con las llantas.

Me preocupé y llamé a una amiga cristiana del trabajo para que orásemos por la compañera. De inmediato me dio un olor intenso a "llanta quemada" justo a mi lado. Le conté a mi amiga lo que estaba sucediendo y comenzamos a interceder.

Al pasar el fin de semana y llegar el lunes, la compañera por la cual intercedimos nos dijo que el sábado iba a visitar a su padre a una hora y media de distancia, pero que algo la detuvo. Nos contó que estaba lloviendo y que ella hizo algo inusual: dio una vuelta alrededor del auto y miró las llantas. El resultado fue que tres de las llantas tenían clavos; una prueba más de la omnisciencia de Dios y de su forma de obrar.

¡Cuán maravilloso y protector es nuestro Dios! Es tan gratificante decir que la voluntad de Dios no solo es buena, sino que es agradable y perfecta. Los análisis y los razonamientos por más inteligentes y bonitos que parezcan no nos darán la respuesta a nuestros dilemas o situaciones. Podemos tratar de acomodarlo todo a nuestra conveniencia, pero nada real y permanente sucederá de esa forma.

Es necesario cambiar el tipo de mentalidad en donde creemos que somos autosuficientes para tener las respuestas a todo sin la ayuda de Dios. Las decisiones del cristiano nacido de nuevo deben ser tomadas con la aprobación de Dios. Él es quien tiene en sus manos lo que ha determinado, al igual que el cuándo y el cómo. Muchas veces la desesperación por que ocurra lo que deseamos y por querer saber cuándo ocurrirá nos puede llevar a un estado de ansiedad.

Coloquemos nuestra vida totalmente en las manos de Dios; solo así tendremos paz y victoria permanentes. Si algo ocurre en nuestras vidas será en el tiempo designado por Él. Las acciones que tomemos fuera de la voluntad de Dios serán infructuosas y nos conducirán al fracaso. No vale la pena consumir tiempo y esfuerzo de esa forma, ya que Dios está en control de todo. Las Escrituras nos hablan lo siguiente respecto al tema del tiempo y del juicio:

"Porque para todo lo que quisieres hay tiempo y juicio; porque el mal del hombre es grande

sobre él; pues no sabe lo que ha de ser; y el cuándo haya de ser, ¿quién se lo enseñará?"

— Eclesiastés 8:6-7

Dios es quien tiene en sus manos el tiempo y la determinación correcta sobre tu vida. El Señor es quien conoce todos los detalles de tu vida. A veces pensamos que estamos tomando una buena decisión y que es el momento adecuado para ejecutarla. Hasta pensamos "esto sí que me conviene" y nos lanzamos de una vez y luego resulta que no era así. Una mala decisión traerá mucho sufrimiento y consecuencias desfavorables a nuestras vidas. Por todo lo anterior Jehová nos dice:

"Todos los caminos del hombre son limpios en su propia opinión; pero Jehová pesa los espíritus".

— Proverbios 16:2

También Dios nos aconseja lo siguiente:

"No seas sabio en tu propia opinión (...)".

— Proverbios 3:7

Dios nos revela aún más en los Proverbios:

"¿Has visto hombre sabio en su propia opinión?
Más esperanza hay del necio que de él".

— Proverbios 26:12

Es necesario dejar a un lado la terquedad y que comprendamos que Dios siempre quiere lo mejor para sus hijos. En la mano de Jehová estamos seguros porque Él nos ama y lo ve todo. La vista de Dios es infinita y Él ve el fin desde el principio. Nuestro Dios no falla; con Él la victoria es segura. Y para concluir este segmento recuerda lo siguiente:

"La bendición de Jehová es la que enriquece y
no añade tristeza con ella".

— Proverbios 10:22

La Lección Aprendida de la Trampa de la Ofensa

No te sorprendas que cuando todo va bien o estés caminando en la perfecta voluntad del Padre, de repente llegue la ofensa a la puerta de tu corazón; dije a la puerta de tu corazón porque queda de nosotros permitir que dicha ofensa penetre en nuestra alma y nos cause daños emocionales y espirituales.

¿Será humanamente fácil no sentir nada cuando recibimos palabras ofensivas o nos enteramos de que se ha estado difamando nuestra persona? Definitivamente que no; es muy doloroso. La única forma de proteger nuestro corazón es con la ayuda de Dios. Dios nos ha dado una armadura espiritual para protegernos contra las acechanzas del diablo. La Escritura nos presenta las siguientes instrucciones sobre la armadura:

"Por tanto, tomad toda la armadura de Dios, para que podáis resistir en el día malo, y habiendo acabado todo, estar firmes. Estad, pues, firmes, ceñidos vuestros lomos con la verdad, y vestidos con la coraza de justicia, y calzados los pies con el apresto del evangelio de la paz. Sobre todo, tomad el escudo de la fe, con que podáis apagar todos los dardos de fuego del maligno. Y tomad el yelmo de la salvación, y la espada del Espíritu, que es la palabra de Dios".

— Efesios 6:13-17

Toda la armadura de Dios es importante, pero en este tema me llamó la atención la coraza de Justicia porque va colocada frente al corazón para protegerlo. El corazón o alma es un órgano vital en la vida del creyente. El corazón es el asiento de las decisiones, sentimientos, emociones y voluntad. En el mundo natural si te disparan al corazón es casi seguro que morirás.

En el mundo espiritual no nos podemos dar el lujo de darle rienda suelta al corazón porque nos puede llevar a la muerte espiritual. El campo de batalla donde opera el enemigo es precisamente en el corazón y su fin es dañarlo.

"Sobre toda cosa guardada, guarda tu corazón; Porque de él mana la vida".

— Proverbios 4:23

Los cristianos que practican la justicia la reflejan con su buen testimonio, santidad a Jehová, obediencia y pureza; en fin, significa estar libres de la práctica del pecado. Este tipo de vida santa hará que se contengan los ataques de Satanás, ya que no tendrá una brecha para entrar. La coraza de justicia representa la justicia de Cristo en nuestra mente y corazón.

No es pecado que algo nos duela, no es pecado llorar, no es pecado sentirse decepcionado, pero no nos podemos quedar en esa condición que en nada nos beneficia; al contrario, nos perjudica. Los sentimientos negativos causan que nos desenfoquemos de las cosas que Dios puso en nuestras manos para Su Gloria. Tratemos de despojarnos de esa carga lo antes posible.

¿CÓMO TRABAJA EL ENEMIGO CON LA OFENSA?

Satanás lanzará dardos ofensivos a fin de causar dolor, desaliento y tratar de destruirte espiritualmente. Si tu corazón está lacerado será bien difícil operar con eficacia en el Reino de Dios. Si el enemigo no puede lograr que te rindas-- porque sabe que no puede contigo--tratará de *detener el paso de avance* que llevabas en el Señor. El Apóstol Pablo en una ocasión formuló la siguiente pregunta retórica:

"Vosotros corríais bien; ¿quién os estorbó para no obedecer a la verdad?"

— Gálatas 5:7

El versículo anterior implica que se puede ir caminando bien en Cristo, pero que pueden aparecer estorbos en el camino para que desobedezcamos y no corramos bien esta carrera. Veamos la pregunta ¿Quién fue el que te estorbó para no obedecer a la verdad? "Quién" es una persona; son seres humanos. Solo recuerda que la lucha real no es contra carne ni sangre; muchas veces lo olvidamos.

"Porque no tenemos lucha contra sangre y carne, sino contra principados, contra potestades, contra los gobernadores de las tinieblas de este siglo, contra huestes espirituales de maldad en las regiones celestes".

— Efesios 6:12

La lucha entre los hermanos en la Iglesia de Cristo es obra del enemigo. Lo correcto ante esta situación es orar por las personas para que se rompa todo yugo de maldad, para que reconozcan lo que está sucediendo y no se dejen usar por el enemigo de las almas:

"(...) y el yugo se pudrirá a causa de la unción".

— Isaías 10:27

No te permitas desobedecer o desviarte de tu propósito. Toda desobediencia es un atraso o desvío de la ruta que ya estaba trazada por tu Creador. La ofensa vendrá, pero que no detenga nuestro paso. Dios utiliza precisamente esas situaciones para darle las cinceladas finales a Su obra maestra que eres Tú. Al final de la prueba saldremos como perlas preciosas porque vencimos en el proceso de la aflicción.

Todas las situaciones difíciles que pasamos son pruebas en donde Dios desea nos presentemos ante Él aprobados. Un siervo aprobado es uno cuyo carácter ha madurado y está preparado para servir en el área que Dios le ha equipado. Durante la prueba mostró el fruto del Espíritu y obró conforme a lo que Dios esperaba de él.

No permitamos que la ofensa, la calumnia o la difamación penetre en nuestros corazones. *Permitirlo es precisamente la trampa.*

"No seas vencido de lo malo, sino vence con el bien el mal".

— Romanos 12:21

Luchemos contra ese mal que trata de hacer fuerza para que caigamos en la tentación de pagar mal por mal. Sujetemos nuestra mente a la mente de Cristo y podremos vencer en el nombre de Jesús para actuar como Él lo haría; renovemos nuestros pensamientos con Su Palabra.

La Lección Aprendida de la Gratitud

La Palabra de Dios nos instruye a dar gracias en todo. Como hijos de Dios, el Padre se complace en que tengamos corazones agradecidos. Dios sabe porqué permite ciertas cosas en nuestras vidas y todo lo hace para nuestro bien.

"Dad gracias en todo, porque esta es la voluntad de Dios para con vosotros en Cristo Jesús".

— 1 Tesalonicenses 5:18

Aun cuando ocurren situaciones desagradables, que son hasta dolorosas, el Señor nos dice:

"Y sabemos que a los que aman a Dios, todas las cosas les ayudan a bien, esto es, a los que conforme a su propósito son llamados".

— Romanos 8:28

Para tener un corazón agradecido tenemos que entender quién es Dios y el sacrificio de su Hijo Jesús. Es necesario comprender que Dios Padre siempre obra para el beneficio de los suyos. Es precisamente por eso que podemos tener la confianza de que todo estará bien.

Quizás de momento no nos agrade o no comprendamos la razón de sus determinaciones, pero Dios siempre tiene la razón. La obra salvífica de Dios y su gracia para con sus hijos debe producir en nosotros un corazón agradecido. En lo personal le estoy sumamente agradecida a Dios Padre por mostrarme tanto amor, por salvarme y por todos sus beneficios. El salmista David le hablaba a su alma diciendo:

"Bendice, alma mía, a Jehová, y bendiga todo mi ser su Santo Nombre. Bendice, alma mía, a Jehová, y no olvides de ninguno de sus beneficios. Él es quien perdona todas tus iniquidades, El que sana todas tus dolencias; El que rescata del hoyo tu vida, Él que te corona de favores y misericordias".

— Salmo 103: 1-4

Testimonio de Agradecimiento a Dios

Jamás olvidare las bendiciones y los beneficios que he recibido de la mano de Jehová; le estaré eternamente agradecida. Como un breve testimonio les diré algo que ocurrió en mi vida el 26 de diciembre de 2017. Durante ese año estaba en mi corazón el deseo de retirarme del gobierno federal para trabajar para el Señor sin limitaciones. Le comenté a alguien que me deseaba retirar para diciembre 2017, ya que tendría casi 32 años trabajando a tiempo completo.

No obstante, tenía ciertas inquietudes que no me permitían lanzarme hacia el retiro. Una de éstas era con qué me sostendría mientras me llegaba el cheque de retiro completo, ya que podría tardar hasta 6 meses. Otra inquietud era que debía saldar algunas deudas.

Sabemos que el enemigo solo puede llegar hasta donde Dios le permita; Gloria a Dios por eso. La mañana del 26 de diciembre me dirigía al trabajo y mientras manejaba tranquilamente, una camioneta Ford F-250 se me atravesó y el golpe fue tan fuerte que mi auto fue pérdida total y tuve fracturas en dos (2) vértebras.

Me llevaron en ambulancia desde Columbus, Georgia, hasta un hospital especializado en trauma en Atlanta, Georgia. Le rogué a Dios que no necesitase cirugía y, para Su Gloria, no la necesité. La terapia física junto con la mano de Dios fue suficiente para sanarme. También pude ver el amor de mi familia, al igual que de hermanas y hermanos en Cristo que me tendieron la mano durante esos momentos difíciles.

Para concluir, tuve unas compensaciones que me permitieron pagar mis deudas y retirarme. Con la provisión que Dios permitió me sostuve por 6 meses, ya que solo recibía pagos intermitentes, hasta que al fin se arregló todo.

A ese es el Dios que yo le sirvo y le estoy sumamente agradecida. Él es el Dios que me ha salvado, me ha sanado, me ha protegido, me ha proveído, me ha dado todo su amor, y que cuando me niega algo, es porque no me conviene y quiere lo mejor para Su hija.

Tú también, si has aceptado a Jesús como tú Salvador personal, llevas la sangre real de Cristo en tus venas. Eres un hijo o hija adoptado(a) por el Rey, con los mismos privilegios y es por lo que puedes llamarle "Abba Padre", lo cual en arameo significa "papá".

A Dios se le conoce con muchos nombres en la Biblia, pero "Abba Padre" es uno de los más significativos, ya que muestra la estrecha relación de confianza y amor que existe entre Dios y nosotros, una de padre e hijo. Cuán grande es el amor de Dios, que siendo un ser divino se acerca a nosotros los seres humanos para poder alcanzarnos.

"Y entró el rey David, y se puso delante de Jehová, y dijo: Señor Jehová, ¿Quién soy yo, y qué es mi casa, para que tú me traigas hasta aquí?"

— 2 Samuel 7:18

CAPÍTULO IV

El Sendero de la Humildad

Somos colaboradores de Dios e instrumentos de Su gloria. Nunca debemos olvidar que cualquier ministerio que se nos haya delegado le pertenece a Él y que solamente somos mayordomos de todo lo que Dios coloca en nuestras manos.

La gloria de todas las victorias en la obra del Reino le pertenece a Él; la gloria de los dones y talentos dados a los hombres también le pertenece a Él. Dios ha puesto gloria en nosotros para que estemos unificados en un solo cuerpo; no para que nos vanagloriemos. Jesús dijo:

"La gloria que me diste, yo les he dado, para que sean uno, así como nosotros somos uno".

— Juan 17:22

A veces hemos tenido que llorar en el proceso de moldeamiento hacia la humildad. Pasamos por situaciones difíciles que nos quebrantan y a la vez purifican nuestra alma; procesos que progresivamente nos irán moldeando para llegar a la medida de la estatura de la plenitud de Cristo en humildad.

Jesús siendo Dios se despojó de sí mismo para tomar forma de siervo. Él tenía una doble naturaleza: la Divina y la Humana; por eso entiende todo lo que puede pasar un siervo de Dios. Jesús sufrió en la cruz como cualquier otro ser humano hubiese sufrido; sintió dolor físico intenso; agonía en su alma y lloraba como tú y como yo. Jesús soportó todo por amor a nosotros. ¡Cuán amigo nos es Cristo!

"Nadie tiene mayor amor que este, que uno ponga su vida por sus amigos".

— Juan 15:13

"(...) el cual, siendo en forma de Dios, no estimó el ser igual a Dios como cosa a que aferrarse, sino que se despojó a sí mismo, tomando forma de siervo, hecho semejante a los hombres; y estando en la condición de hombre, se humilló a sí mismo, haciéndose obediente hasta la muerte, y muerte de cruz. Por lo cual Dios

también le exaltó hasta lo sumo, y le dio un nombre que es sobre todo nombre, para que en el nombre de Jesús se doble toda rodilla de los que están en los cielos, y en la tierra, y debajo de la tierra; y toda lengua confiese que Jesucristo es el Señor, para gloria de Dios Padre".

— Filipenses 2:6-11

A este proceso en el cual Jesús se despojó de sí mismo rindiendo toda Su voluntad a la del Padre se le conoce como kenosis. El término kenosis procede del griego "κένωσις" y significa «vaciamiento». Se refiere al vaciamiento de la propia voluntad para llegar a ser completamente receptivo a la voluntad de Dios. En la espiritualidad cristiana, este término se asocia con los términos «anonadamiento», «vaciamiento», «despojamiento», «desapego» o «desasimiento» del alma (Obtenido de https://es.wikipedia.org/ wiki/K%C3%A9nosis).

No existe un mejor ejemplo de humildad en toda la humanidad. Así que si Jesús, siendo Dios y siendo el Rey, actuó con una humildad tan sublime, también será necesario que los hijos del Altísimo actúen de igual manera.

Como cristianos hay cosas de las cuales es necesario despojarnos tan pronto las identificamos. Son cosas que en la medida que vayan saliendo de nuestras vidas nos conducirán a un mayor nivel de humildad. Nuestra voluntad, el orgullo, la terquedad y la soberbia son obras de la carne y antónimos de la humildad y que constituyen un gran peligro para el alma. La Palabra nos advierte así sobre la soberbia:

"Antes del quebrantamiento es la soberbia, Y antes de la caída la altivez de espíritu".

— Proverbios 16:18

Es mejor evitar que ocurra ese quebrantamiento y no ser altivos de espíritu para no sufrir una caída. Dios nos ama como a la niña de sus ojos. Sus mandamientos son para el bienestar de nuestras vidas. Dios se duele no solo de nuestro sufrimiento sino del sufrimiento de aquellos que nos rodean. El rendirnos y someternos a Cristo nos llevará a lugares de honra ante Dios y antes los hombres.

Es sumamente importante que veamos a los demás como superiores a nosotros mismos. Es necesario que nos despojemos de nuestros propios intereses para establecer buenas relaciones con el prójimo. Al todos ver a los demás como superiores se creará una atmósfera donde no habrá cabida para el egoísmo y la competencia. El Apóstol Pablo nos exhorta a lo siguiente:

"Nada hagáis por contienda o por vanagloria; antes bien con humildad, estimando cada uno a los demás como superiores a él mismo".

— Filipenses 2:3

José, hijo de Jacob

Otro gran ejemplo de humildad fue José. José fue un hombre que sufrió injusticias a causa de la envidia de sus hermanos. Quizás algunas personas piensen por qué hay que aguantar tanto o permitir que otros nos hagan cosas desagradables. Quizás sintamos la tendencia de vengarnos, pero si Dios vive en nosotros podremos vencer esa tentación.

Dios no quiere que nos venguemos ni siquiera de la manera más sutil. Muchas veces la venganza se convierte en una guerra fría entre hermanos; invisible para otros, pero no para Dios quien todo lo ve. El Señor conoce los corazones.

Veamos en la historia de José cómo la humildad y el permanecer firme en Dios nos puede llevar a lugares altos que nunca imaginamos.

¿Por qué los hermanos de José lo envidiaban?

"Y viendo sus hermanos que su padre lo amaba más que a todos sus hermanos, le aborrecían, y no podían hablarle pacíficamente. Y soñó

José un sueño, y lo contó a sus hermanos; y ellos llegaron a aborrecerle más todavía. Y él les dijo: Oíd ahora este sueño que he soñado: He aquí que atábamos manojos en medio del campo, y he aquí que mi manojo se levantaba y estaba derecho, y que vuestros manojos estaban alrededor y se inclinaban al mío. Le respondieron sus hermanos: ¿Reinarás tú sobre nosotros, o señorearás sobre nosotros? Y le aborrecieron aún más a causa de sus sueños y sus palabras".

— Génesis 37:4-8

Inicialmente, los hermanos de José lo aborrecían porque su padre lo amaba más que a sus hermanos, pero lo que les colmó la copa fue cuando José les contó el sueño que tuvo. La envidia se apoderó de ellos a tal grado que dejaron a José en una cisterna, y luego lo vendieron como esclavo.

"Y cuando pasaban los madianitas mercaderes, sacaron ellos a José de la cisterna, y le trajeron arriba, y le vendieron a los ismaelitas por veinte piezas de plata. Y llevaron a José a Egipto".

— Génesis 37:28

Luego de que los madianitas se llevaran a José como esclavo, le hicieron creer a su padre que José había muerto. Imagínese el dolor del padre de José después de recibir esa desgarradora noticia. La muerte de un hijo es uno de los dolores más intensos en la vida de un ser humano. La Biblia relata los pasos que sus hermanos tomaron para convencer al padre de José de la muerte de su hijo:

"Entonces tomaron ellos la túnica de José, y degollaron un cabrito de las cabras, y tiñeron la túnica con la sangre; y enviaron la túnica de colores y la trajeron a su padre, y dijeron: Esto hemos hallado; reconoce ahora si es la túnica de tu hijo, o no. Y él la reconoció, y dijo: La túnica de mi hijo es; alguna mala bestia lo devoró; José ha sido despedazado".

— *Génesis 37:31-33*

Además de haber sufrido la injusticia de ser vendido como esclavo, fue acusado falsamente por la esposa de Potifar, quien era su amo y oficial del Faraón. La esposa de Potifar acusó a José de querer dormir con ella cuando realmente fue lo contrario; se negó a dormir con ella (Génesis 39:7-9). Dicha acusación llevó a José a la cárcel, pero aun en la cárcel todo lo que José hacía prosperaba.

Podemos ver que el favor de Dios estaba con José. Ese favor era el resultado de su humildad, integridad y temor de Dios. José le interpretó sueños al Faraón que otros no pudieron (Génesis 40:9-13). El Faraón comprendió que Dios estaba con José y le hizo Gobernador de Egipto.

Mientras José gobernaba en Egipto, hubo un tiempo de gran escasez y hambruna en la tierra de Canaán, donde habitaban los hermanos de José. Qué ironía para ellos, pues a pesar de todo el mal que le hicieron a José, él fue precisamente el instrumento que Dios usó para que su familia y sus hermanos pudiesen comer.

"Después mandó José que llenaran sus sacos de trigo, y devolviesen el dinero de cada uno de ellos, poniéndolo en su saco, y les diesen comida para el camino; y así se hizo con ellos".

— Génesis 42:25

Por eso debemos tener cuidado a quien despreciamos. Como en el caso de José, esa misma persona puede ser la que te salve la vida en un futuro. José tuvo un corazón perdonador y les ayudó en este tiempo tan difícil de sus vidas. Podemos darnos cuenta de que aún después de José haber llegado a una posición tan elevada y de haber pasado por tantas injusticias nunca dejó de ser humilde y misericordioso.

Dios desea que actuemos con humildad. Él no aprueba que sus hijos actúen con altivez. La altivez constituye un obstáculo en la relación de Dios con el hombre. Dios se compadece de la aflicción de sus hijos y actúa en beneficio de ellos cuando muestran una humildad sincera.

"Porque tú salvarás al pueblo afligido, Y humillarás los ojos altivos".

— Salmo 18:27

Se dice que los ojos son las ventanas del alma. Y el versículo que acabamos de leer dice que Dios humillará los ojos altivos. Nuestro rostro puede reflejar distintas actitudes del corazón, en este caso específicamente los ojos.

"Porque Jehová es excelso, y atiende al humilde, mas al altivo mira de lejos".

— Salmo 138:6

Los cristianos debemos tener la humildad de reconocer que no somos autosuficientes, que somos imperfectos y que no lo sabemos todo. Debemos tener una total dependencia de Dios y glorificarle para que todo lo que digamos o hagamos sea de edificación. El Señor nos recuerda lo siguiente:

"Porque Dios, que mandó que de las tinieblas resplandeciese la luz, es el que resplandeció en nuestros corazones, para iluminación del conocimiento de la gloria de Dios en la faz de Jesucristo. Pero tenemos este tesoro en vasos de barro, para que la excelencia del poder sea de Dios, y no de nosotros".

— 2 Corintios 4:6-7

Podemos tener todo el conocimiento e iluminación de la Palabra para predicar el Evangelio, pero la excelencia del poder viene de Dios. Sus hijos solo somos vasos de barro e instrumentos de su Gloria. Él nos dio el privilegio de conocer el Evangelio y de ser luz en medio de las tinieblas. La sabiduría solo proviene de Él. En este caminar podemos minimizar los errores si andamos bajo la dirección de Dios.

Los procesos nos ayudan a comprender que no tenemos el control en medio de la prueba. Por más que nos esforcemos la prueba no terminará antes del tiempo determinado; antes de producir lo necesario en nosotros. Lo que nos resta es depender plenamente de Dios, quien tiene todo el poder para sacarnos en el momento oportuno.

CAPÍTULO V
El Sendero Ministerial

Caminar en el sendero ministerial comprende varios aspectos y el primero de ellos es servir. De hecho, "ministrar" significa "servir". Los ministros de Dios tienen como modelo de siervo a Jesús. La Palabra nos explica el rol de Jesús en la tierra:

"Porque el Hijo del Hombre no vino para ser servido, sino para servir, y para dar su vida en rescate por muchos".

— Marcos 10:45

Mientras vamos sirviendo, no nos olvidamos de llevar a cabo la Gran Comisión, ya que es lo principal del servicio a Dios. Trabajamos para Dios en distintas áreas eclesiásticas, pero a su vez sacamos el tiempo necesario para poder hablarles a otros del Evangelio. Jesús dijo:

"Por tanto, id, y haced discípulos a todas las naciones, bautizándolos en el nombre del Padre, del Hijo, y del Espíritu Santo; enseñándoles que guarden todas las cosas que os he mandado; y he aquí yo estoy con vosotros todos los días, hasta el fin del mundo. Amén".

— Mateo 28:19-20

Servimos a Dios en el ministerio al ser mentores del desarrollo espiritual de los hermanos en la fe, al visitar al enfermo, al ayudar mediante la oración a libertar vidas que se encuentran espiritual y emocionalmente cautivas, al visitar a los presos y al evangelizar. El servicio a Dios incluye la colaboración entre ministerios hacia este fin.

Ser un ministro de Dios conlleva una gran responsabilidad no solo ante Dios sino también ante los hombres. El ministro debe ser aprobado por Dios en muchos aspectos, inclusive su conducta y el uso y aplicación de la Palabra de Dios.

"Procura con diligencia presentarte a Dios aprobado, como obrero que no tiene de qué avergonzarse, que usa bien la palabra de verdad".

— 2 Timoteo 2:15

Cuando aprobamos o pasamos un examen, es porque cumplimos con los estándares o requisitos establecidos para esa materia. La realidad es que cometeremos errores en nuestro caminar, pero el Espíritu Santo nos dirige para enderezar nuestros pasos.

Nuestro mayor anhelo debe ser tener la aprobación de Dios en todos los aspectos de nuestra vida. Dios examina nuestros corazones y conoce sus intenciones. Si el resultado es agradable a Dios, fuimos aprobados por Él y nuestras vidas serán la máxima expresión de adoración. Si no pasamos el examen, Dios permitirá pruebas que nos vayan moldeando hasta salir pulidos y aprobados.

Una vida aprobada por Dios resulta en bendiciones para otros y para los nuestros. Este tipo de vida es la que Dios desea que procuremos con diligencia. En adición, nuestro testimonio en cuanto el ejemplo que damos como cristianos es evidencia de quienes somos. La Palabra de Dios dice que:

"Nuestras cartas sois vosotros, escritas en nuestros corazones, conocidas y leídas por todos los hombres".

— 2 Corintios 3:2

Así que, reflejemos un mensaje que los demás lean con agrado. Rindamos nuestro corazón a Dios para que sea transformado. Nuestra conducta será vista por los que nos rodean y puede ser lo que atraiga a un impío a los pies de Cristo.

Usemos bien la Palabra de Verdad

La Biblia es la Palabra de Dios. Debemos prestarle bastante atención, no solo para conocerla sino también para enseñarla y predicarla. Cuando se predica no debemos basarnos en nuestras opiniones sino en la Palabra de Dios con su correcta aplicación.

Sería un problema serio no conocer bien la Palabra y malinterpretarla. En el caso que viniese una persona a consejería, habría un gran riesgo si las posibilidades u opciones que se le presentan a esa persona son antibíblicas o están distorsionadas por una percepción incorrecta. El siervo aprobado usa bien la palabra de Verdad. Somos responsables por esa alma ante el Señor; por lo tanto, pidámosle a Dios sabiduría para conocer su Palabra en profundidad y para llevar a las personas por el camino correcto.

Además, como ministros será necesario tener una búsqueda constante del rostro de Dios. Es en esa búsqueda que el Señor nos hablará por medio de su Palabra o a través de sueños, visiones o de su voz. Esa iluminación divina te dará dirección para tomar decisiones significativas en tu vida personal y ministerial. Hay que permanecer en Él para recibir de Él y llevar fruto. Recordemos lo que dice la Palabra:

"Yo soy la vid, vosotros los pámpanos; el que permanece en mí, y yo en él, éste lleva mucho fruto; porque separados de mí nada podéis hacer".

—Juan 15:5

LA TRAMPA DEL PECADO

El enemigo de las almas tratará de hacer tropezar y caer a los creyentes. Satanás nos presentará sutiles anzuelos en el camino para que su engaño no sea obvio. Nos tiende trampas casi imperceptibles para llevarnos gradualmente a donde él desea. ¿Qué necesitamos entonces para no caer? Aparte de orar en todo tiempo:

"Someteos, pues, a Dios; resistid al diablo, y huirá de vosotros".

—Santiago 4:7

El Espíritu Santo es el único que nos puede dar discernimiento para no tomar decisiones erróneas que nos lleven al fracaso y a caídas espirituales. El Señor quiere evitarnos sufrimientos y descensos que puedan llevarnos a la desesperación y a retrasos en nuestra vida ministerial.

Es sumamente importante aprender a cerrarle las puertas a todo tipo de pecado. Si se peca debe haber aceptación, arrepentimiento, confesión a Dios y jamás volver atrás. Dios es fiel y justo para perdonar todo pecado. Veamos en la Biblia el caso de la mujer que cometió adulterio y cómo Jesús interactuó con ella:

"Enderezándose Jesús, y no viendo a nadie sino a la mujer, le dijo: Mujer, ¿dónde están los que te acusaban? ¿Ninguno te condenó? Ella dijo: Ninguno, Señor. Entonces Jesús le dijo: Ni yo te condeno; vete, y no peques más".

— Juan 8: 10-11

Qué gentileza la de nuestro Rey; qué misericordia. Dios siempre nos quiere proteger de todo aquello que nos puede dañar. Nos corrige con verdad y gran misericordia.

"Con misericordia y verdad se corrige el pecado, Y con el temor de Jehová los hombres se apartan del mal".

— Proverbios 16:6

Ni siquiera Jesús condenó a esta mujer; solo le pidió que no pecara más. No obstante, quedó la incógnita de aquella otra persona que nunca fue denunciada por su acción. Esta mujer lo pudo haber denunciado, pero no lo hizo. La Palabra no nos dice la razón de su silencio; quizás la chantajearon o la amenazaron. Este acontecimiento quedó en un misterio que conoceremos cuando veamos a Dios cara a cara.

Como cristianos es necesario no tener miedo a entregar o denunciar aquellas situaciones o personas que llegan con el fin de destruir nuestra alma. Cuando se te presenten situaciones que lo ameriten, atrévete a actuar con justicia. Llega el momento en que tenemos que aprender a enfrentar a los gigantes sin temor. ¡Dios defenderá tu pleito!

Debemos cortarle la cabeza a la serpiente tal como David le cortó la cabeza a Goliat. Debemos ser radicales y no temer. Si no actúas radicalmente, ese enemigo seguirá campeando por su respeto y puede ser una amenaza para ti, para tu familia o para otros en un futuro.

También es sumamente importante que cuando nos apartemos de algún pecado, ni siquiera nos acerquemos a aquello con lo cual fuimos tentados. Los objetos de pecado pueden ser el alcohol, las drogas, los juegos al azar, la pornografía y las prácticas sexuales ilícitas, entre otros.

Saúl y los amalecitas

Hay cosas que Dios quiere erradicar de nuestras vidas para evitar daños futuros. Veamos el caso de Saúl cuando le enviaron a herir a Amalec y a destruir todas sus posesiones. Dios no quería que quedara ni un vestigio de maldición en el pueblo de Israel. Jehová le dijo a Saúl:

"Ve, pues, y hiere a Amalec, y destruye todo lo que tiene, y no te apiades de él; mata a hombres, mujeres, niños, y aun los de pecho, vacas, ovejas, camellos y asnos".

— 1 Samuel 15:3

Obviamente no vamos a estar matando personas en el presente como sucedió en el caso de Saúl. Todas las enseñanzas del antiguo testamento son sombra de lo que habría de venir y de lo que Dios desea que hagamos espiritualmente en el presente. La enseñanza es que erradiquemos todo lo que en un pasado nos hizo daño para que no haya absolutamente nada que más tarde pueda perjudicarnos. Saúl no obedeció el mandato de Jehová y actuó de la siguiente manera:

"Y Saúl y el pueblo perdonaron a Agag, y a lo mejor de las ovejas y del ganado mayor, de los animales engordados, de los carneros y de todo

lo bueno, y no lo quisieron destruir; mas todo lo que era vil y despreciable destruyeron".

— 1 Samuel 15:9

De nuevo, Dios no quería maldición ni anatema para el pueblo de Israel; anteriormente los amalecitas les habían hecho mucho daño, por eso Jehová dio la orden de terminar con ellos y con todo lo que les perteneciera. Los amalecitas fueron el primer pueblo cananeo que atacó al pueblo de Dios cuando salió de Egipto; los atacaron en el desierto. Éstos atacaron a los más débiles por la retaguardia sin compasión.

El ataque llegó al desierto, precisamente cuando estaban extremadamente cansados y trabajados. El enemigo espera el momento de mayor vulnerabilidad para atacarnos. En momentos de debilidad es más fácil vencer a un oponente y mucho más si se encuentra aislado. Lo importante es estar apercibido de esto y orar para poder vencer en medio del ataque.

"Acuérdate de lo que hizo Amalec contigo en el camino, cuando salías de Egipto; de cómo te salió al encuentro en el camino, y te desbarató la retaguardia de todos los débiles que iban detrás de ti, cuando tú estabas cansado y trabajado; y no tuvo ningún temor de Dios.

Por tanto, cuando Jehová tu Dios te dé descanso de todos tus enemigos alrededor, en la tierra que Jehová tu Dios te da por heredad para que la poseas, borrarás la memoria de Amalec de debajo del cielo; no lo olvides".

— Deuteronomio 25: 17-19

Es interesante la frase con que terminan estas instrucciones "borrarás la memoria de Amalec de debajo del cielo; no lo olvides". Dios es tan bueno que nos recalca las cosas; Él les venía advirtiendo sobre esto desde Deuteronomio. Finalmente tuvo que ser Samuel quien matara a Agag, rey de los amalecitas, ya que Saúl en su desobediencia no lo hizo. El resultado de la mala decisión y desobediencia de Saúl fue que Jehová lo desechó para siempre como rey sobre Israel (1 Samuel 15:23).

Nunca tengas misericordia ni dejes vivo aquello que representa un enemigo para tu alma o para tu familia; no continúes recordando aquello que desagrada a Dios; nunca dejes vivo aquello que amenaza tu ministerio; nunca dejes vivo aquello que amenaza a tu iglesia ni dejes brechas sin cerrar por más pequeñas que parezcan.

Haz todo lo que tengas que hacer para que más adelante el enemigo no intente destruirte a través de sus trampas. Sé radical en cortar con todo lo que una vez te causó daños espirituales y emocionales. Amalec es tipo de la carne y del mundo y es precisamente eso lo que debemos eliminar de nuestras vidas para poder presentarnos en santidad delante de Jehová.

DÉBORA, BARAK Y JAEL

En la Palabra vemos otro acontecimiento en donde siervos de Jehová destruyeron totalmente una amenaza viva contra el pueblo de Israel. Consideremos la historia de Débora, Barak y Jael (Jueces 4:1-21).

Jehová había vendido el pueblo de Israel al Rey Jabin, de Canaán, porque se habían vuelto a hacer lo malo. Sísara, el capitán del Ejército trabajaba para el rey Jabin. El pueblo de Israel clamó a Jehová por misericordia, ya que este rey y su ejército les habían oprimido por aproximadamente 20 años.

Jehová tuvo misericordia de Israel y le dio unas instrucciones a Barak, el general. Sin embargo, Barak no quiso ir solo y le pidió a Débora, profetisa y juez en Israel, que fuese con él. Débora y Barak salieron a pelear por el pueblo de Israel contra el ejército de Canaán. Jehová quebrantó a Sísara, junto con sus carros y ejército, pero Sísara huyó a pie y llegó hasta la tienda de Jael, mujer de Heber ceneo, hogar que estaba en paz con el Rey Jabín.

La estrategia de Jael fue invitar a Sísara a entrar a su tienda. Jael luego le colocó una manta y le dio un vaso de leche, lo cual lo puso a dormir. En medio del sueño de

Sísara, Jael no temió tomar una estaca y enterrársela en la sien. Jael fue una mujer determinada, valiente y sabia, quien supo qué hacer para no fallar al blanco y destruir radicalmente al enemigo.

Hay que indignarse contra el mal y erradicarlo. El pueblo de Israel gradualmente derrotó en su totalidad a este ejército y a su Rey Jabín.

"Y la mano de los hijos de Israel fue endureciéndose más y más contra Jabín rey de Canaán, hasta que lo destruyeron".

— Jueces 4:24

Como acabamos de ver en el pasaje, se destruyó la cabeza de este ejército enemigo. Fue destruido sin pena, ¿sabes por qué? Porque si no hubiese sido así, el enemigo, que el Señor lo reprenda, no hubiese tenido piedad en un futuro y trataría de destruir a muchos junto con sus familias y todas sus posesiones. Atesoremos lo que Dios ha puesto en nuestras manos con tenacidad. Tenemos un Dios sabio y un Consejero Perfecto que nos enseña para el bien de nuestras almas.

CAPÍTULO VI

Etapas de la Vida

"Antes que te formase en el vientre te conocí, y antes que nacieses te santifiqué, te di por profeta a las naciones".

— JEREMÍAS 1:5

¿Cómo puede ser posible que Dios nos conociera desde antes de formarnos en el vientre de nuestra madre? La respuesta es que Dios es Eterno, así como nuestras almas. Dios nos formó en el vientre de una mujer, conoce el tiempo que viviremos aquí en la tierra y el día que moriremos físicamente para regresar de nuevo a ese estado de eternidad con Él.

"Todo lo hizo hermoso en su tiempo; y ha puesto eternidad en el corazón de ellos, sin que alcance el hombre a entender la obra

que ha hecho Dios desde el principio hasta el fin".

— *Eclesiastés 3:11*

A causa del pecado original de Adán y Eva explicado en Génesis 3, todos fuimos destituidos de la Gloria de Dios y ninguno de nosotros merecía ser salvo por Jesucristo. Sin embargo, Dios en su amor y soberanía tuvo misericordia de muchos de nosotros, otorgándonos la salvación por gracia. Jesús pagó un precio muy alto en la Cruz del Calvario para la remisión de nuestros pecados y dio su vida en rescate por muchos.

"Pero ahora, aparte de la ley, se ha manifestado la justicia de Dios, testificada por la ley y por los profetas; la justicia de Dios por medio de la fe en Jesucristo, para todos los que creen en él. Porque no hay diferencia por cuanto todos pecaron, y están destituidos de la gloria de Dios, siendo justificados gratuitamente por su gracia, mediante la redención que es en Cristo Jesús, a quien Dios puso como propiciación por medio de la fe en su sangre, para manifestar su justicia, a causa

de haber pasado por alto, en su paciencia, los pecados pasados".

— Romanos 3:21-25

"Porque el Hijo del Hombre no vino para ser servido, sino para servir, y para dar su vida en rescate por muchos".

— Mateo 10:45

El Dios todopoderoso que nos escogió y conoció desde antes de formarnos, fue quien nos llamó y santificó para que cumpliésemos con ese propósito específico designado por Él. Nacimos equipados por Dios con un conjunto espiritual de dones y talentos para que sirviéramos a ese propósito. Es un privilegio que Dios nos escogiera para ser instrumentos de su Gloria.

En el caso de Jeremías, Dios lo equipó con dones espirituales para que fuese profeta a las naciones; así también Dios nos equipa para que cumplamos con el llamado que nos ha encomendado. Dios no nos enviaría a hacer algo sin primero darnos las herramientas necesarias.

¡Qué hermosa certeza saber que tenemos un Padre Celestial que no solo nos salva y nos conoce, sino que ya tiene un designio eterno para nuestras vidas que nada ni nadie puede cambiar! Qué bueno que sus planes no dependen de nosotros sino de Él.

"quien nos salvó y llamó con llamamiento santo, no conforme a nuestras obras, sino según el propósito suyo y la gracia que nos fue dada en Cristo Jesús antes de los tiempos de los siglos,"

— 2 Timoteo 1:9

No hay mayor seguridad que saber que estamos protegidos bajo la poderosa mano de nuestro soberano Dios. Su eterna gracia y propósito se harán evidentes en nuestras vidas. ¡Gloria a Su nombre!

Tu formación y nacimiento

Aparte del conjunto de dones espirituales dados por Dios, fuimos formados en el vientre de nuestra madre con un conjunto genético llamado ADN. El ADN es un ácido nucleico que contiene las instrucciones genéticas usadas en el desarrollo y funcionamiento de todos los organismos vivos. (Obtenido de https://significado.net/adn/.) El ADN no solo incluye la parte física de nuestro ser sino que también incluye talentos o destrezas que han sido heredados. Es asombroso ver la grandeza de la perfección de Dios en la forma en que fuimos creados. El salmista escribió inspirado por Dios.

"No fue encubierto de ti mi cuerpo, bien que en oculto fui formado, y entretejido en lo más profundo de la tierra. Mi embrión vieron tus ojos, y en tu libro estaban escritas todas aquellas cosas que fueron luego formadas, sin faltar una de ellas".

— Salmo 139: 15-16

Es maravilloso saber que Dios ve todo embrión según se va formando, pero más maravilloso es saber que en dicha formación nunca falta nada. En ese proceso de formación todo ya había sido escrito por Él. Al leer esta última aseveración podemos decir que lo que Dios hace o permite en su soberanía, respecto a la forma en que nacemos--aunque no lo entendamos--es perfecto.

Todos los seres humanos, independientemente de su condición física o mental, fueron creados con un propósito. El hecho de que no entendamos ese propósito no significa que Dios lo hizo mal o que Él es imperfecto.

Más aún, es Dios quien decide en qué vientre colocar esa alma a quien conoció desde antes que fuese formada. Cuando dos personas se unen y de esa unión se conciben hijos, comienza el proceso biológico de lo que será un ser humano con propósito.

Por esa razón es tan importante que la madre cuide de ese ser que Dios le regaló. Aspectos tales como la nutrición, ciertos medicamentos o una situación de estrés prolongada afectan la salud del feto.

Estudios de investigación demuestran que el feto constantemente recibe mensajes de su madre. Los latidos del corazón de su madre, la música que ella escucha y su cuerpo también le envían señales químicas al feto a través de la placenta sobre el estado emocional de ella. (Obtenido de *https://www.psychologicalscience. org/news/ releases /a-fetus-can-sense-moms-psychological-state.html*).

El feto no solo siente los efectos del estrés sino también las emociones negativas o positivas de su madre. En la Escritura encontramos un pasaje que nos ilustra la reacción de un feto ante la alegría de su madre:

"En aquellos días, levantándose María, fue de prisa a la montaña, a una ciudad de Judá; y entró en casa de Zacarías, y saludó a Elisabet. Y aconteció que cuando oyó Elisabet la salutación de María, la criatura saltó en su vientre; y Elisabet fue llena del Espíritu Santo, y exclamó a gran voz, y dijo: Bendita tú entre las mujeres, y bendito el fruto de tu vientre. ¿Por qué se me concede esto a mí, que la madre de mi Señor

venga a mí? Porque tan pronto como llegó la voz de tu salutación a mis oídos, la criatura saltó de alegría en mi vientre".

— *Lucas 1:39-42*

Los bebés también pueden escuchar la voz de su madre desde que están en el vientre; el sonido es vibración. Hablarle al bebé con cariño durante la gestación es muy placentero para ellos, ya que este es el primer vínculo de unión entre madre e hijo. Los bebés diferencian la voz de la madre de otras mujeres al momento de nacer (Obtenido de https://www.grupoolmitos.com/ es/pueden-escuchar-los-bebes-la-voz-madre-nacer/). Luego que nacemos pasamos a la infancia.

La Infancia

Durante los primeros cinco años de vida se desarrolla nuestra personalidad. La personalidad envuelve aspectos de sí mismo (el yo), el desarrollo emocional y el desarrollo moral.

Sentido de Sí mismo

Los bebés comienzan a desarrollar un sentido de confianza o desconfianza como resultado de las respuestas que experimentan de sus padres en distintas situaciones. Por ejemplo, si un bebé llora es porque está manifestando una necesidad. Si la madre del bebé ignora su llanto, el bebé podría comenzar a experimentar un sentido de desconfianza, ya que percibe que ella no acude en su ayuda en el momento de necesidad. (Life span development, John W. Santrock, 2004)

Hacia finales de los 2 años, los niños comienzan a tratar de desarrollar un sentido de sí mismos. Los niños desean actuar de forma independiente. La respuesta de los padres cuando los niños comienzan a tener iniciativas es crucial para el buen desarrollo de su personalidad.

Los padres deben tener un balance entre disciplina correctiva y recompensas ante las acciones del niño. Este balance contribuirá a que se desarrolle en ellos una autoestima saludable. Si los niños escuchan solo respuestas negativas cada vez que emprenden una actividad se les creará un sentido de culpabilidad y se sentirán desvalorizados.

Lo que debería suceder es que el sentido de iniciativa del niño sobrepase el sentido de culpabilidad; que el niño se sienta apreciado y valorado por sus padres en lugar de criticado. Tratemos a los niños con importancia. Si los niños tienen preguntas, responder con propiedad es lo más sabio, no les respondamos "porque sí". Los niños desean entender la razón de las cosas.

Además, permitamos que los niños jueguen de forma imaginaria sin ridiculizarlos con palabras despectivas. Permitamos que ellos corran una bicicleta o que patinen; no les limitemos o sobreprotejamos en estas actividades. De no ser así, en lugar de crearse un sentido de iniciativa se les estará infundiendo inseguridades y un sentido de culpabilidad que perdurará hasta las postreras etapas de sus vidas. (Life span development, John W. Santrock, 2004)

Desarrollo Emocional

De los 2 a 3 años de edad los niños comienzan a hacer un mayor uso del lenguaje descriptivo de las emociones. Pueden identificar emociones simples en ellos mismos y en otros, además de hablar sobre emociones pasadas, presentes y futuras. De 4 a 5 años comienzan a comprender más sobre cómo controlar y manejar las emociones en conformidad con las normas sociales.

La enseñanza sobre el manejo de las emociones comienza en el hogar no solo con palabras sino con las acciones que los niños observan en las interrelaciones familiares. Aprenden a amar cuando son amados y cuando ven expresiones de amor en otros, pero también es posible desarrollar emociones y sentimientos negativos tales como el temor, el rechazo y la ira, si eso es lo que están recibiendo.

Desarrollo Moral

El desarrollo moral involucra los pensamientos, sentimientos y acciones en cuanto a las reglas y principios que las personas deben considerar en su interacción con otros. (Life span development, John W. Santrock, 2004)

Como cristianos nuestro deber es enseñarles principios bíblicos a nuestros hijos de forma comprensible para su edad. Estos principios serán las pautas para la forma en que deben interrelacionarse con los demás y con Dios a través de sus vidas.

"Instruye al niño en su camino, Y aun cuando fuere viejo no se apartará de él".

— Proverbios 22:6

Según un estudio de investigación de la Universidad de Washington, para el tiempo en que nuestros hijos comiencen a ir al jardín infantil (a los 5 años) su autoestima se puede haber desarrollado prácticamente en su totalidad (Journal of Experimental Social Psychology, enero 2016).

Las primeras influencias recibidas son las más importantes en la autoestima y en el desarrollo de la personalidad de un niño. De ahí, la importancia del trato no solo de los padres sino de las personas responsables del cuidado del niño o de aquellos que se relacionan con él.

Lamentablemente muchos padres en lugar de cultivar la comunicación, el razonamiento y la conexión emocional con los niños, recurren a métodos disciplinarios inadecuados que pueden causar daño en lugar de bienestar a sus hijos.

TIEMPO DE AISLAMIENTO (TIME OUT) EN OPOSICIÓN AL TIEMPO DE INTEGRACIÓN (TIME IN)

Uno de los métodos que se presta para uso inadecuado es el *"tiempo de aislamiento"*. Este método mal utilizado consiste en decirle al niño que debe permanecer en una esquina quieto y sin hablar por un largo periodo de tiempo, aislado de los demás.

Estudios de investigación han demostrado que al ejercer el *"tiempo de aislamiento"* de esta manera, le enviamos un mensaje implícito a los niños de que cuando ellos hagan algo que nos desagrade, los rechazaremos o no los amaremos. Entonces el cerebro responderá de la misma manera que si los hubiésemos herido físicamente. (Obtenido de www.ifstudies. org)

Otros efectos del *"tiempo de aislamiento"* incluyen los siguientes: enfurece más al niño; disminuye su capacidad para solucionar problemas; se fragmenta la relación; se ignora las razones subyacentes de su conducta; fomenta el egoísmo porque piensan menos en su conducta y más en lo injusto que es el mundo y por último fomenta la baja autoestima, ya que ignoramos sus necesidades cuando más nos necesitaban.

Por otra parte, investigaciones sustanciales afirman que los niños pueden manejar mejor las dificultades cuando tienen personas alrededor que los apoyan. En lugar de usar *"tiempo de aislamiento"* sería más beneficioso usar el *"tiempo de integración"*. En el tiempo de integración se forma una conexión con los niños en donde se fomentará la comprensión, solucionarán problemas juntos y se desarollará la relación. (Obtenido de www.ifstudies. org)

Los golpes

Otro hecho lamentable es que hay padres que como medida disciplinaria recurren a los golpes cuando sus hijos muestran un mal comportamiento. Cualquier tipo de maltrato a esta edad temprana puede producir ansiedad, problemas de personalidad, depresión, trastornos de conducta y delincuencia, entre otros.

Un grupo de investigación confirmó que el castigar con golpes genera resultados negativos en los adolescentes. Los resultados negativos pueden ser un bajo rendimiento académico, alcoholismo, consumo de drogas y comportamiento antisocial. También descubrieron que mientras mayor sea el niño, mayores son los resultados negativos. (Obtenido de momrising.org/es/blogs/técnicas-y-métodos-para-disciplinar-a-los-niños-pequeños)

Los gritos (maltrato psicológico)

Los gritos asustan a los niños y los hacen reaccionar, ya que su cerebro percibe los gritos como una amenaza de peligro. Ante esta circunstancia la reacción del niño es pelear, correr o paralizarse. Aún la Biblia nos dice en Efesios 4:31 ***"Quítense de vosotros toda amargura, enojo, ira, gritería y maledicencia, y toda malicia".***

El uso de los gritos de forma constante puede causar el deterioro de la autoestima del niño. No se sentirá valorado o amado por sus padres y puede convertirse en un rebelde que constantemente desafía la autoridad. Los gritos causan estrés en el niño no solo por el tono de voz sino porque muchas veces vienen acompañados de descalificativos o amenazas. Este tipo de conducta será perjudicial para el desarrollo del niño.

Como los padres son el ejemplo de los hijos, éstos imitarán su conducta agresiva y se habituarán a gritar y a tener comportamientos violentos. Los hijos emplearán esta conducta con sus amigos, conocidos o contra los padres.

Los padres obtienen mejores resultados si mantienen la calma, si no alzan la voz y le hablan tranquilamente a sus hijos. Deben fomentar el respeto y que los niños entiendan que sus padres tienen la autoridad aunque les hablen tranquilamente.

Muchos de los padres le repiten demasiadas veces al hijo lo que quieren que haga. Sin embargo, es mejor expresar rápidamente las instrucciones o norma; acercarse al niño y repetírselo; finalmente dirigirlo con un leve toque o movimiento hacia esas instrucciones o norma.

LOS CASTIGOS

Según los especialistas, los castigos 'tradicionales' no contribuyen al bienestar de los niños. Eventualmente, las emociones positivas del niño se transformarán en temor hacia sus padres, por lo cual se sentirán en la obligación de obedecer y mantener una conducta intachable. Los castigos pueden causar resentimiento, revancha, rebeldía y retraimiento en los niños. Veamos una breve explicación de cada uno de estos puntos

1. **Resentimiento:** El rencor es el sentimiento inicial que experimenta un niño luego de una situación en la que se siente ofendido. Esta sensación puede prolongarse, no sanar emocionalmente y reaparecer en discusiones, manifestando el niño este sentimiento.
2. **Revancha:** Frases como *'ya verás lo que hago después', 'prepárate, ya verás lo que te espera'*, entre otras, causan que el niño crea que sus padres se dieron el gusto de castigarlo y que él debe desquitarse por no haber realizado lo que quería. El niño que siente la agresión desea que sus padres también sufran.

3. **Rebeldía:** Los niños rebeldes resisten la autoridad y se piensa que lo hacen para contradecir a sus padres, profesores o cuidadores. En esta etapa la desobediencia a las órdenes se intensifica, es cuando más dejan de hacer sus tareas y más deseos sienten de contradecir la voluntad de sus padres.
4. **Retraimiento:** Los niños retraídos son aquellos que presentan un comportamiento aislado y poco comunicativo luego de ser castigados. Luego de presentar un mal comportamiento, el niño comienza a creer que es una mala persona. Esta idea se afianza con cada nuevo castigo y poco a poco debilita su autoestima. Hay veces que para evitar el castigo prefieren mentir o fingir que no entienden la razón del castigo **(Obtenido de https:// pediatriayfamilia.com/ ninos/ conoce-las-cuatro-r-los-efectos-negativos-del-castigo/).**

Para que un niño aprenda será necesario presentarle ejemplos. Por ejemplo, si un niño le quita un juguete a otro, no se lo arrebate ni le grite. Los niños pequeños no saben cómo expresarse correctamente y esa es su manera de decir 'quiero jugar con esto de inmediato'. Es mejor que usted le llame la atención al niño para darle un ejemplo de cómo se piden las cosas. ¿Qué debe hacer?

Tome el juguete, acérquese al otro niño suavemente y pregúntele con un tono suave ¿me prestas el juguete?

En conclusión, la información de las investigaciones anteriores sugiere que los gritos, los golpes, los castigos y el aislamiento pueden ser altamente perjudiciales para la autoestima y salud mental de los niños. Todo lo que se haga para corregirles se debe basar en el amor, no el temor. Lo aconsejable es compenetrarse con ellos, hablarles y enseñarles en el momento preciso mediante ejemplos.

La prevención a temprana edad es vital para evitar serios problemas en el futuro. Las personas que fueron maltratadas durante su niñez se pueden convertir en adultos agresivos y tener problemas relacionales. En adición, pueden experimentar ansiedades y depresiones más intensas.

La Adolescencia

La adolescencia, la cual comprende las edades de 13 a 19 años de edad, es una etapa crítica en donde los jóvenes están en búsqueda de su identidad. Si en la adolescencia tuvimos un hogar lleno de amor y cuidados, es muy probable que hayamos desarrollado destrezas saludables para solucionar problemas, especialmente si Dios fue el centro del hogar.

Los hogares cristianos no son perfectos, pero pueden contar con la fortaleza y dirección del Espíritu Santo para la solución de problemas. Sin embargo, ¿qué sucede si por el contrario creciste en un hogar no cristiano y sin una figura paterna o materna? ¿Qué sucede cuando es un hogar disfuncional? ¿Qué sucede cuando existe abuso físico, emocional y sexual durante la adolescencia, el cual muy bien pudo haber comenzado en la infancia?

Las preguntas anteriores son más bien retóricas para provocar el pensamiento y la meditación. Quizás usted se puede identificar con alguna de ellas o conozca a alguien que ha sufrido estas desafortunadas situaciones. Hablemos brevemente del aspecto emocional.

El abuso emocional (psicológico)

Las palabras pueden tener un peso mayor que los golpes físicos. No estoy tratando de minimizar el impacto de los golpes físicos, pero ese dolor termina cuando cicatriza la lesión, aunque hay lesiones que causan daños físicos graves. Aparte de las lesiones físicas, los golpes pueden producir baja autoestima y causar que las personas se sientan subyugadas y humilladas por años.

El efecto de las palabras hirientes a temprana edad puede permanecer por muchos años, impactando áreas de la vida emocional, espiritual y laboral de la persona. Cuando los jóvenes no logran procesar palabras hirientes que salen de la boca de aquellos responsables de su cuidado, presentan dificultad desarrollando relaciones sanas en su adultez. Esta brecha también genera problemas de confianza en el desarrollo de relaciones futuras.

Frases tales como: "eres una estúpida"; "nunca llegarás a nada" o "eres una prostituta" son saetas que tienen gran potencial de marcar negativamente la vida de una persona hasta su edad adulta. Las palabras se pueden convertir en realidades cuando los adolescentes comienzan a creerlas y actúan en base a éstas. Peor aún, el enemigo de las almas tratará de tomar ventaja de estas situaciones para evitar que la persona desarrolle el potencial que Dios le ha dado.

¿Qué sucede cuando fuiste testigo de situaciones difíciles, dolorosas y violentas entre tus padres y quizás hasta entre tus hermanos? Muchas veces el adolescente se rebela y desea huir de su hogar para no experimentar más abuso o para evitar ser testigo de las situaciones que vive a diario.

Otros recurren a las drogas o al alcohol y hasta intentan suicidarse. Desafortunadamente, muchos llegan a la adultez sin haber superado los retos de su niñez y de su adolescencia.

Adultez

En esta etapa se espera que ocurran eventos y situaciones en nuestras vidas como índice de una mayor madurez. En términos generales, nos graduamos del colegio, trabajamos, formalizamos relaciones personales, contraemos matrimonio, llegan los hijos y los nietos y muchas veces procuramos un desarrollo espiritual y emocional.

Esta es la etapa de más larga duración en la vida. Tenemos roles como padres, trabajadores, cónyuges o ministros, entre otros. Sin embargo, durante la adultez muchas veces se continúa arrastrando los bagajes de la infancia, de la adolescencia y los que hemos adquirido a través de nuestra vida adulta. Ocurren divorcios, más abusos, más relaciones rotas, muertes inesperadas, sentimientos de culpa, de rechazo, de baja autoestima y vacíos que solo nuestro Padre Celestial puede llenar.

No obstante, no todo está perdido; independientemente del tiempo que hayas pasado en una condición, con Dios todo es posible. Hay esperanza para que desaparezca la ansiedad, la depresión y los sentimientos de rechazo; podemos nacer de nuevo y soñar agarrados de nuestra fe en Dios.

El Rey David pasó por momentos de ansiedad y depresión. Este varón escribió varios Salmos que quedaron como un legado para brindarnos dirección y consuelo. David llegó a experimentar lo que es la ansiedad, pero reconocía la fuente de su sustento, por lo cual la expresión de su alma fue:

"Se deshace mi alma de ansiedad; Susténtame según tu palabra".

— Salmo 119:28

La Palabra de Dios es la que nos sustenta. Dios es nuestro amparo y fortaleza. En el libro de los Salmos también podemos ver un tiempo en donde David experimentó una depresión mayor. Sus palabras manifestaron su condición:

"Mi corazón está herido, y seco como la hierba, por lo cual me olvido de comer mi pan. Por la voz de mi gemido mis huesos se han pegado a mi carne. Soy semejante al pelícano del desierto; Soy como el búho de las soledades".

— Salmo 102:4-6

Vemos que el salmista perdió hasta el apetito y había enflaquecido a causa de su dolor. Las heridas que sufría lo llevaron a caer en una depresión, mas Dios en Su Palabra nos dice que Él nunca nos abandona. El mismo David en una ocasión le aconsejó a su hijo Salomón diciendo:

"Anímate y esfuérzate, y manos a la obra; no temas, ni desmayes, porque Jehová Dios, mi Dios, estará contigo; él no te dejará ni te desamparará, hasta que acabes toda la obra para el servicio de la casa de Jehová".

— 1 Crónicas 28:20

Dios es quien nos ayuda a esforzarnos y es nuestro consuelo y paz en momentos de angustia. Jehová nos brinda seguridad cuando por momentos sentimos temor o dudas. Nuestro Padre tiene soluciones para cada situación en nuestras vidas. ¡Qué bueno es saber que nuestras situaciones son temporales, aunque a veces nos parezcan eternas!

Gracias a Dios por Su inmutable consejo y Sus fieles promesas. Me emociona saber que Dios tiene promesas de sanidad, de provisión, de protección, de amparo, de consuelo y otras que aplican al momento de la prueba.

Toda prueba tiene fecha de caducidad. Dios siempre actúa en el momento perfecto y sabe hasta dónde podemos soportar en medio de los procesos difíciles. Su misericordia hacia nosotros es infinita.

"Te levantarás y tendrás misericordia de Sion, porque es tiempo de tener misericordia de ella, porque el plazo ha llegado".

— Salmo 102:13

¡Gloria a Dios por el amor eterno con el cual nos ha amado! Aunque el enemigo nos quiera hacer pensar que no hay esperanza, no es cierto pues somos demasiado importantes para nuestro Padre. En nuestro poderoso Dios siempre se alcanza la sanidad, la restauración y el cumplimiento de toda promesa que haya salido de su boca.

CAPÍTULO VII

Sanidad del Alma

Cuando las situaciones ocurridas en la niñez, en la adolescencia o en la adultez generan una acumulación de emociones negativas, éstas se convierten en obstáculos para lo que Dios quiere hacer en nuestras vidas hasta que las superamos. Para ejercer de forma eficaz en cualquier ámbito será necesaria la sanidad interior, conocida también como sanidad del alma.

La definición de sanidad interior es la siguiente:

"proceso de restauración espiritual de personas afectadas por problemas espirituales y emocionales que resultan de dar lugar a sentimientos negativos y destructivos en la vida. Muchísimas experiencias de dolor y contradicción provocan heridas en el ser interior, que no cicatrizan" (Obtenido de https:// www.bibliatodo.com/ Diccionario-biblico/ sanidad-interior).

El Evangelio es poder y puede restaurarnos de los sentimientos resultantes de problemas emocionales que no nos permiten gozarnos ni tener paz en el Señor. Estos sentimientos pueden ser amargura, tristeza, depresión, autodestrucción, odio, celos y rencor, entre otros. Cuando amamos y perdonamos podemos ser liberados y se restaura nuestra paz y gozo interior.

La sanidad interior permitirá que superemos los obstáculos que nos impiden sentirnos libres para alcanzar el propósito de Dios en nuestra vida. La pregunta que debemos hacernos es la siguiente: ¿Queremos ser sanos? Espero que sí; Dios quiere que lo seamos. Para recibir sanidad interior será necesario que nos autoconfrontemos, nos arrepintamos de nuestros pecados y perdonemos.

La Autoconfrontación

La autoconfrontación es examinarse a la luz de las escrituras, en lugar de a la luz de tu opinión o de la opinión de los demás. Tenemos que preguntarnos cuáles son las áreas necesitan restauración; qué nos está impactando; por qué reaccionamos de una manera particular en ciertas situaciones o por qué se nos hace difícil tomar decisiones sabias. ¿Qué es lo que nos impide caminar libremente en el ámbito emocional y espiritual?

La Palabra nos indicará su perspectiva sobre el área que debemos auto confrontar. En este proceso debemos ser totalmente transparentes con el Señor para que no haya obstáculos a nuestra sanidad. De todas maneras, Dios nos conoce, entonces por qué no hablarle con honestidad.

Es por medio de esta autoconfrontación que podemos identificar las áreas que necesitan ser transformadas a la imagen de Cristo. Esto no es tarea fácil cuando por situaciones del pasado hay heridas que han estado supurando por mucho tiempo o cuando se han perdonado y ocurren nuevos incidentes que sirven de detonante y nos llevan nuevamente al mismo patrón de pensamiento y conducta nocivos.

¿Cómo sabemos que hay heridas en nuestra alma? Porque se pueden ver los síntomas en la misma forma que se pueden ver los síntomas de algunas enfermedades físicas.

La persona que experimenta heridas del alma usualmente manifiesta alguna de las siguientes conductas: irritabilidad; poca o ninguna tolerancia; sentimientos de ira, odio o resentimiento que parecen "intensificarse" ante la más mínima ofensa; demasiado sensible ante un evento del pasado; dificultad para perdonar; dificultad en sentirse amado; sentimientos de enojo hacia Dios; odio hacia sí mismo; sentirse frustrado fácilmente; comportamiento irresponsable; expectativas irracionales de los demás; perfeccionismo; sentimientos de desesperanza; una gran motivación de alcanzar logros para llenar vacíos; hostilidad hacia Dios y hacia los demás. *(Obtenido de nuestrodios. com/sanidad-interior).*

El arrepentimiento

Una vez aceptamos qué áreas están fuera del orden divino, se debe producir en nosotros un arrepentimiento. Es nuestro deber mirarnos introspectivamente para determinar los cambios en los cuales debemos trabajar. No es tan fácil mirar objetivamente y discernir nuestras propias fallas para que haya cambios; por eso el salmista oraba a Dios así:

"¿Quién podrá entender sus propios errores? Líbrame de los que me son ocultos".

— Salmo 19:12

La Biblia nos indica qué es pecado y especifica las cosas que le desagradan a Dios. El Espíritu Santo le da convicción de pecado a nuestro corazón y una vez esto sucede Dios produce el arrepentimiento. El ser humano no es capaz de arrepentirse por sí solo, necesita a Dios.

"A éste, Dios ha exaltado con su diestra por Príncipe y Salvador, para dar a Israel arrepentimiento y perdón de pecados".

— Hechos 5:31

"(...) si quizá Dios les conceda, que se arrepientan para conocer la verdad, y escapen del lazo del diablo, en que están cautivos a voluntad de él".

— 2 Timoteo 2: 25

El perdón

Las heridas surgen cuando una experiencia o persona afecta directa o indirectamente las fibras de nuestra alma. Si una persona marcó negativamente nuestra vida lo que procede es otorgarle el perdón para poder recibir nuestra sanidad.

Si anhelamos sanidad con todo el corazón y en fe le entregamos a Dios lo que nos aflige, Dios obrará. Si no entregamos completamente lo que nos aflige, el proceso de sanidad será más difícil. Dios nos pide que entreguemos nuestras cargas y que perdonemos a otros como Él nos perdona.

"Y cuando estén orando, si tienen algo contra alguien, perdónenlo, para que también su Padre que está en los cielos les perdone a ustedes sus pecados".

— Marcos 11:25

Aunque perdonar es una decisión, ésta viene a través de la influencia del Espíritu Santo. A los seres humanos por naturaleza les cuesta perdonar. Solo con el poder de Dios tendremos la fuerza para hacerlo; sin Él nada podemos hacer.

"(…) No con ejército, ni con fuerza, sino con mi Espíritu ha dicho Jehová de los Ejércitos".

— Zacarías 4:6

Si perdonas y andas en obediencia a Cristo, el resultado será una vida libre y próspera en Él. Otro beneficio de perdonar es que al romperse las ataduras somos libres para ministrar a otros con una mayor unción y eficacia; las personas recibirán la bendición, según la necesidad de sus vidas.

Si no perdonamos quedamos atados a nuestro rencor, a nuestro resentimiento y a nuestras raíces de amargura. Esas raíces de amargura afectarán a todos los que están a tu alrededor, aun a aquellos que amas. Los ministerios que estén a nuestro cargo se podrían ver afectados a causa de la interacción negativa con los demás miembros del grupo. La negatividad es producto de la amargura y produce desunión en el cuerpo de Cristo.

"Mirando bien que ninguno se aparte de la gracia de Dios; no sea que brotando alguna raíz de amargura os perturbe, y por ella sean muchos contaminados".

— Hebreos 12:15

En el párrafo anterior explicamos los efectos de la falta de perdón. Con relación al perdón podemos agregar que la persona misericordiosa es aquella que está dispuesta a perdonar. La lista de pecados que Dios nos ha perdonado es tan pesada que no existe ningún papel que la contenga. Es precisamente por lo mucho que nos ha perdonado que nos pide que concedamos el perdón, mostremos misericordia y que lancemos la ofensa al fondo del mar.

"Por lo cual el reino de los cielos es semejante a un rey que quiso hacer cuentas con sus siervos. Y comenzando a hacer cuentas, le fue presentado uno que le debía diez mil talentos. A éste, como no pudo pagar, ordenó su señor venderle, y a su mujer e hijos, y todo lo que tenía, para que se le pagase la deuda. Entonces aquel siervo, postrado, le suplicaba, diciendo: Señor, ten paciencia conmigo, y yo

te lo pagaré todo. El señor de aquel siervo, movido a misericordia, le soltó y le perdonó la deuda. Pero saliendo aquel siervo, halló a uno de sus consiervos, que le debía cien denarios; y asiendo de él, le ahogaba, diciendo: Págame lo que me debes. Entonces su consiervo, postrándose a sus pies, le rogaba diciendo: Ten paciencia conmigo, y yo te lo pagaré todo. Mas él no quiso, sino fue y le echó en la cárcel, hasta que pagase la deuda. Viendo sus consiervos lo que pasaba, se entristecieron mucho, y fueron y refirieron a su señor todo lo que había pasado. Entonces, llamándole su señor, le dijo: Siervo malvado, toda aquella deuda te perdoné, porque me rogaste. ¿No debías tú también tener misericordia de tu consiervo, como yo tuve misericordia de ti? Entonces su señor, enojado, le entregó a los verdugos, hasta que pagase todo lo que le debía. Así también mi Padre celestial hará con vosotros si no perdonáis de todo corazón cada uno a su hermano sus ofensas".

— Mateo 18:23-35

Habrá ocasiones en que las personas otorguen el perdón aún sin que nadie lo pida. Esto es lo que sucede con los corazones cuya naturaleza es conforme a la de Cristo. No obstante, lo ideal es que pidamos perdón cuando hayamos a ofendido a alguien y que las partes involucradas manifiesten un cambio de dirección.

ENFRENTEMOS EL DOLOR

Para sanar será necesario echar fuera el temor a enfrentar ese dolor que no queremos que salga a la superficie porque sabemos que será incómodo y vergonzoso; sin embargo, no hay otra forma de lograrlo. Dios desea que le entregues todo tu dolor y aflicción. Cristo ya los llevó en la cruz y es por lo que quiere liberarte de ese bagaje que estás cargando innecesariamente. El Señor quiere sanar tu alma de cualquier daño que hayas recibido o de cualquier sentido de culpabilidad por pecados pasados.

"Venid a mí todos los que estáis trabajados y cargados, y yo os haré descansar".

— Mateo 11:28

La Biblia nos presenta casos específicos en donde personas fueron confrontadas, reconocieron su pecado y se arrepintieron del mismo. Tomemos como ejemplo el caso de la mujer samaritana.

"Vino una mujer de Samaria a sacar agua; y Jesús le dijo: Dame de beber. Pues sus discípulos habían ido a la ciudad a comprar de comer. La mujer samaritana le dijo: ¿Cómo tú, siendo judío, me pides a mí de beber, que soy mujer samaritana? Porque judíos y samaritanos no se tratan entre sí. Respondió Jesús y le dijo: Si conocieras el don de Dios, y quién es el que te dice: Dame de beber; tú le pedirías, y él te daría agua viva. La mujer le dijo: Señor, no tienes con qué sacarla, y el pozo es hondo. ¿De dónde, pues, tienes el agua viva? ¿Acaso eres tú mayor que nuestro padre Jacob, que nos dio este pozo, del cual bebieron él, sus hijos y sus ganados? Respondió Jesús y le dijo: Cualquiera que bebiere de esta agua, volverá a tener sed; mas el que bebiere del agua que yo le daré, no tendrá sed jamás; sino que el agua que yo le daré será en él una fuente de agua que salte para vida eterna. La mujer le dijo: Señor, dame esa agua, para que no tenga yo sed, ni venga aquí a sacarla. Jesús le dijo: Ve, llama a tu marido, y ven acá. Respondió la mujer y dijo: No tengo marido. Jesús le dijo: Bien has dicho: No tengo marido; porque cinco maridos has tenido, y el que ahora tienes no es tu marido; esto has dicho con verdad. Le dijo la mujer: Señor, me parece

que tú eres profeta. Nuestros padres adoraron en este monte, y vosotros decís que en Jerusalén es el lugar donde se debe adorar. Jesús le dijo: Mujer, créeme, que la hora viene cuando ni en este monte ni en Jerusalén adoraréis al Padre. Vosotros adoráis lo que no sabéis; nosotros adoramos lo que sabemos; porque la salvación viene de los judíos. Mas la hora viene, y ahora es, cuando los verdaderos adoradores adorarán al Padre en espíritu y en verdad; porque también el Padre tales adoradores busca que le adoren. Dios es Espíritu; y los que le adoran, en espíritu y en verdad es necesario que adoren. Le dijo la mujer: Sé que ha de venir el Mesías, llamado el Cristo; cuando él venga nos declarará todas las cosas. Jesús le dijo: Yo soy, el que habla contigo. En esto vinieron sus discípulos, y se maravillaron de que hablaba con una mujer; sin embargo, ninguno dijo: ¿Qué preguntas? o, ¿Qué hablas con ella? Entonces la mujer dejó su cántaro, y fue a la ciudad, y dijo a los hombres: Venid, ved a un hombre que me ha dicho todo cuanto he hecho. ¿No será éste el Cristo? Entonces salieron de la ciudad, y vinieron a él".

— *Juan 4:7-30*

Jesús inició la confrontación con la mujer samaritana y en su sabiduría le explicó de qué se trataba el Evangelio. El Señor utilizó los elementos metafóricos del agua y el pozo para representar a Cristo y la vida de la mujer.

El alma de esta mujer había caído en las profundidades del pecado en situaciones que se repetían una y otra vez. El único que podía llegar a las profundidades de su alma era Jesús.

Jesús le habló de un agua especial; un agua que solo Él podía ofrecer y con la cual ella no tendría sed jamás. Él se estaba refiriendo al agua de vida que es impartida en lo profundo de nuestro ser cuando recibimos al Señor como Salvador personal.

Cristo es el agua que brota para vida eterna; Él es Eterno y Perfecto. Podemos tener la plena certeza de que nuestra alma nunca se sentirá sedienta porque Él es la fuente que lo llena todo. Es un agua que fluye para salvar, liberar y sanar. Él es quien suple toda necesidad en el ser humano.

El Señor en Su Divina Omnisciencia le dijo a esta mujer detalladamente todo lo que estaba sucediendo en su vida. Jesús le habló de sus pasadas relaciones y de su situación actual. La mujer samaritana pasaba de una relación a otra; posiblemente estaba tratando de llenar un vacío en su alma. El hecho de que ella iba a buscar agua al pozo durante la hora menos frecuentada por las otras mujeres, indica que estaba tratando de evitar la vergüenza, la crítica y los señalamientos.

En el corazón de la mujer samaritana hubo convicción y arrepentimiento. Jesús la llevó a la confrontación y al reconocimiento de sus errores y pecados. Lo maravilloso estuvo en que ella fue tocada por el Señor y entendió que Él realmente era el Cristo, el Mesías. Este fue el momento en que reconoció la gran necesidad que tenía del Maestro, de Aquel que no solo le habló del pasado, sino de su presente y futuro.

La vergüenza y la culpabilidad terminaron; hubo un cambio de dirección evidenciado por la premura con que salió a hablarle a otros de su experiencia. Cristo la hizo libre y aunque la Palabra no lo relata, nos podemos imaginar que ella también perdonó al igual que pidió perdón.

Toda sanidad conlleva un proceso, aun la sanidad física del cuerpo, a menos que Dios haga un milagro de inmediato. Dios obra progresivamente o en el momento, según Su voluntad por las razones que solo Él conoce. En medio del dolor crecemos, maduramos y aprendemos lecciones de vida que más adelante Dios usará para que podamos ayudar a otros.

En conclusión, la autoconfrontación, el arrepentimiento y el perdón son necesarios para agradar a Dios, para nuestra sanidad interior y para edificar a otros. Cuando nos autoconfrontamos a la luz de las

Escrituras y nos arrepentimos de nuestro pecado, solo queda que perdonemos a quien sea necesario para que se complete la sanidad. Además, no queremos que se contriste el Espíritu Santo y deje de fluir su poder en nosotros a causa de los pensamientos y emociones negativas que nos agobian.

El Señor te necesita en su obra. Nuestra obediencia en el área del perdón abrirá puertas y Dios cumplirá Su propósito en nosotros.

"Jehová cumplirá su propósito en mí, tu misericordia, oh Jehová es para siempre; no desampares la obra de tus manos".

— Salmos 138:8

CAPÍTULO VIII

Los Procesos del Alfarero

Mi amado lector, si hoy estamos aquí no es por casualidad. Dios nos ha preservado para cumplir Su propósito en nosotros. En nuestra jornada cristiana tendremos que aprender a caminar por senderos de fe, aun en medio de circunstancias y procesos difíciles. Es precisamente durante esos procesos que Dios prueba nuestra fe, moldea distintas áreas de nuestro carácter y canaliza nuestro temperamento.

El Apóstol Pablo

Dios nos conduce hacia el propósito que Él mismo diseñó para nosotros desde antes de la fundación del mundo. Dios también preservó a Saulo de Tarso para cumplir Su propósito en él.

La conversión de Saulo fue tan poderosa que llegó a ser el Apóstol Pablo, un fiel seguidor de Cristo.

Antes de su conversión, Saulo perseguía a los cristianos, asolaba a la Iglesia, consentía en muertes y pensaba equivocadamente que estaba haciendo el bien. A pesar de su conducta, Dios tuvo misericordia de él y propició un incidente para tener un encuentro divino con Saulo cuando iba camino a Damasco.

"Mas yendo por el camino, aconteció que al llegar cerca de Damasco, repentinamente le rodeó un resplandor de luz del cielo; y cayendo en tierra, oyó una voz que le decía: Saulo, Saulo, ¿por qué me persigues? El dijo: ¿Quién eres, Señor? Y le dijo: Yo soy Jesús, a quien tú persigues; dura cosa te es dar coces contra el aguijón. El, temblando y temeroso, dijo: Señor, ¿qué quieres que yo haga? Y el Señor le dijo: Levántate y entra en la ciudad, y se te dirá lo que debes hacer". Y los hombres que iban con Saulo se pararon atónitos, oyendo a la verdad la voz, mas sin ver a nadie. Entonces Saulo se levantó de tierra, y abriendo los ojos, no veía a nadie; así que, llevándole por la mano, le metieron en Damasco, donde estuvo tres días sin ver, y no comió ni bebió. Había entonces en Damasco un discípulo llamado

Ananías, a quien el Señor dijo en visión: Ananías. Y él respondió: Heme aquí, Señor. Y el Señor le dijo: Levántate, y ve a la calle que se llama Derecha, y busca en casa de Judas a uno llamado Saulo, de Tarso; porque he aquí, él ora, y ha visto en visión a un varón llamado Ananías, que entra y le pone las manos encima para que recobre la vista. Entonces Ananías respondió: Señor, he oído de muchos acerca de este hombre, cuántos males ha hecho a tus santos en Jerusalén; y aun aquí tiene autoridad de los principales sacerdotes para prender a todos los que invocan tu nombre. El Señor le dijo: Ve, porque instrumento escogido me es éste, para llevar mi nombre en presencia de los gentiles, y de reyes, y de los hijos de Israel; porque yo le mostraré cuánto le es necesario padecer por mi nombre".

— Hechos 9: 3-16

Dios había escogido a Saulo y tenía su mirada en él para conducirlo hacia su propósito. Pablo experimentó muchos procesos difíciles en su caminar con Cristo.

En la Palabra podemos ver detalladamente muchos de los sufrimientos que pasó Pablo por amor a Cristo, pero que le sirvieron para transformar su anterior carácter de dureza y crueldad a uno de gran misericordia. Ahora Pablo seguía el modelo del Salvador del mundo: Cristo.

"¿Son ministros de Cristo? (Como si estuviera loco hablo.) Yo más; en trabajos más abundante; en azotes sin número; en cárceles más; en peligros de muerte muchas veces. De los judíos cinco veces he recibido cuarenta azotes menos uno. Tres veces he sido azotado con varas; una vez apedreado; tres veces he padecido naufragio; una noche y un día he estado como náufrago en alta mar; en caminos muchas veces; en peligros de ríos, peligros de ladrones, peligros de los de mi nación, peligros de los gentiles, peligros en la ciudad, peligros en el desierto, peligros en el mar, peligros entre falsos hermanos; en trabajo y fatiga, en muchos desvelos, en hambre y sed, en muchos ayunos, en frío y en desnudez; y además de otras cosas, lo que sobre mí se agolpa cada día, la preocupación por todas las iglesias".

— *2 Corintios 11: 23-28*

Pablo soportó mucha aflicción y quebrantamiento por la causa de Cristo; sin embargo, nunca dejó de cumplir sus roles ministeriales, siendo uno de ellos la supervisión de las iglesias.

La persona que supervisa iglesias debe velar que se esté predicando una sana doctrina, debe presentar soluciones bíblicas a situaciones delicadas, debe enseñarle la Palabra al pueblo y asegurarse que éste camina en santidad y muestra el fruto del Espíritu Santo. A través de cada experiencia, Pablo fue reflejando cada vez más el carácter de Cristo.

Moisés, el caudillo de la Nación de Israel

Veamos un poco de la historia de Moisés en cuanto a cómo Dios lo preservó y algunos procesos que experimentó antes de salir del palacio del Faraón hasta la travesía en el desierto. El Rey de Egipto temía a los hijos de Israel porque era un pueblo fuerte y numeroso. Este rey oprimía a Israel asignando comisarios de tributos para que les molestasen con sus impuestos.

Los egipcios abusaban de los israelitas obligándoles a servir con trabajos extremos. El temor de este rey era que el pueblo de Israel se uniese a sus enemigos y les ganasen en la guerra y que después se fueran. Sin embargo, Los intentos del rey para retener a Israel fueron infructuosos (Éxodo 1-2).

"Pero cuanto más los oprimían, tanto más se multiplicaban y crecían, de manera que los egipcios temían a los hijos de Israel".

— Éxodo 1:12

El Rey de Egipto no se conformó con la opresión de los tributos, sino que dio la orden de matar a todo niño varón hebreo que naciera. En medio de esta terrible circunstancia podemos ver cómo Dios preservó a Moisés.

Dios en su sabiduría y a partir de la orden dada, puso en el corazón de las parteras desobedecer al rey. Este pasaje nos enseña que cuando el enemigo quiere destruirnos es cuando Dios más nos favorece y pelea por nosotros.

"Y habló el rey de Egipto a las parteras de las hebreas, una de las cuales se llamaba Sifra, y otra Fúa, y les dijo: Cuando asistáis a las hebreas en sus partos, y veáis el sexo, si es hijo, matadlo; y si es hija, entonces viva. Pero las parteras temieron a Dios, y no hicieron como les mandó el rey de Egipto, sino que preservaron la vida a los niños".

— Éxodo 1:15-17

Entre los niños que se salvaron de morir estaba Moisés. Su madre lo ocultó por tres meses, pero cuando ya no se le hizo posible esconderlo tuvo que recurrir a su creatividad maternal.

"Pero no pudiendo ocultarle más tiempo, tomó una arquilla de juncos y la calafateó con asfalto y brea, y colocó en ella al niño y lo puso en un carrizal a la orilla del río".

— Éxodo 2:3

Y vemos que más adelante la arquilla del niño llegó hasta la ribera del río. La hija del Faraón lo vio y le dijo a una doncella, que casualmente era la hermana de Moisés, que buscara a una nodriza hebrea para que lo criara; esa nodriza fue la madre de Moisés.

"Y la hija de Faraón respondió: Ve. Entonces fue la doncella, y llamó a la madre del niño, a la cual dijo la hija de Faraón: Lleva a este niño y críamelo, y yo te lo pagaré. Y la mujer tomó al niño y lo crió".

— Éxodo 2:8-9

Moisés siendo hebreo, vivió como egipcio en el Palacio del Faraón. Después de varios años, hubo un momento en su vida en donde cometió un grave error.

"En aquellos días sucedió que crecido ya Moisés, salió a sus hermanos, y los vio en sus duras tareas, y observó a un egipcio que golpeaba a uno de los hebreos, sus hermanos. Entonces miró a todas partes, y viendo que no aparecía nadie, mató al egipcio y lo escondió en la arena".

— Éxodo 2:11-12

La nacionalidad israelita de Moisés se manifestó inconscientemente al tratar de proteger incorrectamente a un hombre hebreo. En el momento que Moisés vio al egipcio golpeando al hebreo también afloraron otras emociones tales como el coraje, la ira y el odio. El asunto aquí es que ni la violencia ni el homicidio son justificables, como tampoco lo es esconder el pecado.

En el momento en que Moisés cometió este crimen, aún no había tenido un encuentro personal con Dios; aún así sabía que había hecho mal. No nos podemos escapar del ojo de Dios ni del tribunal de la conciencia.

La injusticia, por más grande que sea, no se corrige cometiendo otra. La Palabra nos ordena a vencer con el bien el mal (Romanos 12:21). Tampoco podemos huir del ojo humano. Creemos que estamos solos, pero se nos olvida que muchas veces hay una gran nube de testigos a nuestro alrededor.

"Por tanto, nosotros también, teniendo derredor nuestro tan grande nube de testigos, despojémonos de todo peso y del pecado que nos asedia, y corramos con paciencia la carrera que tenemos por delante".

— Hebreos 12:1

No debemos permitirnos actuar impulsivamente cuando vemos que alguien comete una mala acción. No permitamos que nuestra carne se enseñoree sobre nosotros. Actuemos con dominio propio y paciencia porque Dios así lo ordena y para evitar ser un mal testimonio a otros.

Hubo una ocasión en donde Moisés intervino con unos israelitas; uno de ellos golpeaba al otro. Moisés trató de disuadir al israelita maltratante, pero él le respondió:

"(...) ¿Quién te ha puesto a ti por príncipe y juez sobre nosotros? ¿Piensas matarme como mataste al egipcio? Entonces Moisés

tuvo miedo, y dijo: Ciertamente esto ha sido descubierto".

— Éxodo 2:14

¡Cuidemos nuestro testimonio! Tratemos siempre de ser ejemplo para otros de aquello mismo que les exigimos. Moisés cometió el crimen de homicidio para defender a alguien, lo cual ya dijimos que no es justificable. Sin embargo, cuando Moisés vio a los dos israelitas golpearse, intervino para lograr la paz, pero quedó en vergüenza cuando le recordaron que él había asesinado a un egipcio. No podemos esperar que los demás nos sigan si nuestras acciones no van de acuerdo con nuestras palabras.

"¡Hipócrita! Saca primero la viga de tu ojo, y entonces podrás ver bien para sacar la paja del ojo de tu hermano!"

— Mateo 7:5

Después de estos eventos, Moisés huyó de Egipto a la tierra de Madián, pues lo perseguían para matarlo. Probablemente Moisés estuvo muy asustado por un tiempo; no obstante, Dios lo protegía porque tenía propósito con él. Jehová se le apareció en el monte Horeb para tener un encuentro personal con él. Allí Dios le declaró--teniendo Moisés 80 años--para qué lo había llamado.

"El clamor, pues, de los hijos de Israel ha venido delante de mí, y también he visto la opresión con que los egipcios los oprimen. Ven, por tanto, ahora, y te enviaré a Faraón, para que saques de Egipto a mi pueblo, los hijos de Israel".

— Éxodo 3: 9-10

Moisés pasó por el proceso de tener que atravesar un desierto con el pueblo de Israel durante 40 años. El viaje que se supone durara menos de 40 días se prolongó hasta durar 40 años. La pregunta que nos debemos hacer es ¿Por qué?

Un elemento que contribuyó enormemente al retraso fue "las continuas quejas". Cuidémonos de no entrar en la tendencia de quejarnos de todo.

Una cosa es la crítica constructiva dada en amor para promover el crecimiento individual o ministerial y otra cosa es la crítica que intencionalmente destruye y desmoraliza al individuo, arrancándole toda oportunidad de crecimiento y de restauración.

El pueblo de Israel estaba tomando en poco lo que Dios hacía por ellos. Les faltaba tener un corazón agradecido.

La queja era el orden del día. El pueblo quería alimento, Jehová le enviaba maná del cielo. El pueblo se hastiaba del maná, Jehová le enviaba codornices. El pueblo quería agua, Jehová le daba agua de la roca. El pueblo no tenía donde conseguir ropa, Jehová hacía que se extendiera la ropa sobre ellos mientras crecían sus cuerpos. Aun así, el pueblo se quejaba.

Moisés estaba siendo pulido en horno de fuego con el pueblo que Dios le había entregado para pastorear en el desierto. ¡Qué paciencia! ¡Cuántos milagros, pero a la vez cuántos procesos duros! La dureza del proceso en el desierto fue el instrumento que Jehová utilizó para moldear a Moisés.

El pueblo de Israel anduvo sediento en el desierto y estaban desesperados. Moisés necesitaba extraer agua de alguna forma. Jehová le dio unas instrucciones y Moisés obedeció.

"He aquí que yo estaré delante de ti allí sobre la peña en Horeb; y golpearás la peña, y saldrán de ella aguas, y beberá el pueblo. Y Moisés lo hizo así en presencia de los ancianos de Israel".

— Éxodo 17:6

En una segunda ocasión, Dios le dio a Moisés otras instrucciones para sacar agua de la roca. Le pidió que le hablara a una roca, pero en lugar de ello la golpeó.

"Y Jehová habló a Moisés, diciendo: Toma la vara y reúne la congregación, tú y Aarón tu hermano, y hablad a la roca en ojos de ellos; y ella dará su agua, y les sacarás aguas de la roca, y darás de beber a la congregación, y a sus bestias. Entonces Moisés tomó la vara de delante de Jehová, como Él le mandó. Y Moisés y Aarón reunieron a la congregación delante de la roca, y les dijo: ¡Oíd ahora, rebeldes! ¿Os hemos de sacar aguas de esta roca? Entonces alzó Moisés su mano, e hirió la roca con su vara dos veces: y salieron muchas aguas, y bebió la congregación, y sus bestias. Y Jehová dijo a Moisés y a Aarón: Por cuanto no me creísteis, para santificarme en ojos de los hijos de Israel, por tanto, no meteréis esta congregación en la tierra que les he dado. Éstas son las aguas de la rencilla, por las cuales contendieron los hijos de Israel con Jehová, y Él se santificó en ellos".

— *Números 20:7-13*

El frustrarse, insultar al pueblo y no seguir las instrucciones de Jehová tuvo consecuencias para Moisés, ya que no pudo entrar a la tierra prometida.

"También contra mí se airó Jehová por vosotros, y me dijo: Tampoco tú entrarás allá. Josué hijo de Nun, el cual te sirve, él entrará allá; anímale, porque él la hará heredar a Israel".

— Deuteronomio 1:37-38

La implicación de esta falta es que no somos infalibles. Aunque hayamos actuado en obediencia en una o más ocasiones durante el proceso, tenemos que ver en dónde y por qué fallamos en otras. Tendremos que pasar por procesos dentro de procesos hasta estar completamente pulidos como el oro.

No podemos dejar de orar sin cesar para mantener el dominio propio ante las distintas situaciones que se nos presentan. No debemos permitir que la presión del pueblo nos lleve a actuar impulsivamente ni que nos desvíe de las instrucciones establecidas por Dios. Gloria a Dios por el plan que tenía para llevar a cabo esta jornada a través del desierto. Dios es Perfecto y Fiel.

"Fiel es el que os llama, el cual también lo hará".

— 1 Tesalonicenses 5:24

Cuando Dios nos salva, nos deja saber cuál es nuestro llamado ministerial. Dios habla a través de la oración, por medio de sus siervos y por Su Palabra. La obediencia durante la travesía cristiana es clave para evitar demoras en el cumplimiento de nuestro llamado. La promesa que Dios decretó se cumplirá en nosotros.

"Dios no es hombre, para que mienta, ni hijo de hombre para que se arrepienta. Él dijo, ¿y no hará? Habló, ¿y no lo ejecutará?"

— Números 23:19

Las promesas de Dios son inmutables; están cargadas de fidelidad. Podemos confiar plenamente que el plan de Dios para nuestras vidas se llevará a cabo, aún a pesar nuestro. ¿Por qué digo que aún a pesar nuestro? Porque a veces somos obstinados y Dios se ve en la necesidad de arrinconarnos para llevarnos hasta donde Él desea.

El corazón del hombre es duro por naturaleza y solo a través del Espíritu Santo se puede suavizar. Es Dios quien derrite los corazones más duros y moldea nuestro carácter, proceso que es sumamente importante para poder caminar eficazmente como un hijo de Dios.

El término carácter se define como la habilidad de proseguir constantemente hacia un ideal correcto después que pasa el entusiasmo inicial (Academia Virtual

Cristiana El Alfarero [AVCELA] 2018). ¿Ha escuchado usted la frase "esa persona no tiene carácter"? Lo que quiere decir es que la persona carece de la perseverancia y fortitud necesarias para sostener lo que comienza o dice hasta el final.

Al carecer de constancia la persona se detiene ante las circunstancias, ante el desánimo, ante los obstáculos y ante el tiempo. ¿Por qué ocurre la falta de constancia en la vida del cristiano? La Palabra nos indica que es por falta de fe; una falta de fe o duda que se presenta aun al orar al Padre. El hombre de doble ánimo es como las olas del mar que van y vienen, cuyo movimiento es provocado por el viento, siendo por ello empujada desde distintas direcciones.

"Pero pida con fe, no dudando nada; porque el que duda es semejante a la onda del mar, que es arrastrada por el viento y echada de una parte a otra".

— Santiago 1:6

"El hombre de doble ánimo es inconstante en todos sus caminos".

— Santiago 1:8

La persona de doble ánimo dice "hoy lo voy a hacer porque me siento alegre" y al día siguiente, "no lo voy a ser porque me siento triste". Este tipo de persona--dice la Palabra--que es inconstante en todos sus caminos. Dios necesita obreros firmes que no duden de lo que Dios les ha hablado.

La firmeza espiritual es muy importante especialmente cuando deseamos ejercer un ministerio, ya que las personas cuentan con usted y le buscan en momentos de dificultad. Las personas esperan recibir una palabra que edifique sus almas. Por eso parte del proceso es dejarnos moldear sin dejar de hacer lo que Dios nos ha encomendado.

Dios quiere que estemos preparados cuando nos toque asumir la responsabilidad que nos ha delegado. Dios utiliza procesos para afirmarnos en Él, para fortalecer nuestra fe y para moldear nuestro carácter. El Señor desea que alcancemos madurez para que no nos hagamos daño a nosotros mismos ni a otros en el momento que estemos ejerciendo nuestro llamado.

Es por lo que, además del carácter, Dios moldea nuestro corazón a través de distintos procesos. El corazón se refiere al alma--mente--donde radica nuestra voluntad, nuestras decisiones y nuestras emociones. Estos procesos son graduales, no son apresurados; en ellos no hay atajos. A veces son bastante dolorosos y amargos--como ciertas medicinas--pero el resultado es la sanidad, la restauración, un nuevo carácter y un nuevo corazón.

Jonás

Jonás pasó por procesos fuertes que Dios permitió para que su corazón y su carácter fuesen moldeados, especialmente en el área de la obediencia y de la humildad. En la historia de Jonás vemos que éste se enojó y desobedeció, más Dios utilizó sus medios para arrinconarlo y así llevarlo a realizar lo que Dios quería que hiciera (Jonás 1-3).

La desobediencia de Jonás consistió en no acatar las instrucciones de Dios de ir a Nínive a advertirle a los ninivitas que serían destruidos por su pecado. En lugar de ir a Nínive se fue a Tarsis en una nave y allí se desató una tormenta. Fue lanzado al mar y cayó en la boca de un gran pez en donde estuvo tres días y tres noches. Allí en la profundidad de los mares y desde el seno del Seol pidió auxilio.

"y dijo: Invoqué en mi angustia a Jehová, y él me oyó; Desde el seno del Seol clamé, Y mi voz oíste".

— Jonás 2:2

La palabra "Seol" en hebreo es "Sheol". Este lugar se refiere a la tumba o a la morada de los muertos según el

Antiguo Testamento (Salmo 88:3-5). *"Los tragaremos vivos como el Seol, Y enteros, como los que caen en un abismo". (Proverbios 1:12)*

El término "Seol" en griego es "Hades", una transliteración de la palabra griega *"haides"*; viene de aidein y significa "lo que no se ve". Hades se define como el mundo no visto, hacia donde van todas las almas humanas cuando mueren, tanto los que se salvan como los que se pierden (Obtenido de Academia Virtual Cristiana El Alfarero (AVCELA) 2020).

Por lo tanto, esto implica que Jonás en medio de su desobediencia llegó a un lugar de muerte. Su alma clamó a Dios desde ese lugar y al tercer día fue expulsado a la orilla del mar. Dios le preservó la vida de una manera sobrenatural. ¡Gloria a Jehová! Dios en su misericordia siempre actúa al escuchar nuestro clamor cuando nos arrepentimos y caminamos en obediencia.

Jonás tuvo que hacer la voluntad de Dios, a pesar de él mismo. Era un hombre obstinado, sabía de la misericordia de Dios y que Dios es un Dios perdonador, mas no quería que Dios tuviera misericordia del pueblo de Nínive.

Aunque los seres humanos tenemos voluntad propia, hay una voluntad con una autoridad suprema y soberana: la de Dios. Podemos tomar la decisión que deseemos y sufrir las consecuencias, pero al final y después de dar muchas vueltas, tendremos que decir "sí lo haré".

"Y se levantó Jonás, y fue a Nínive conforme a la palabra de Jehová. Y era Nínive ciudad grande en extremo, de tres días de camino".

— *Jonás 3:3*

Aun después de haber ido a Nínive, podemos ver que al carácter de Jonás le faltaba más sometimiento y moldeamiento, ya que su ego estaba muy elevado. Jonás había dado al pueblo de Nínive la profecía de que serían destruidos en 40 días. El pueblo se puso en ayuno y oración y Jehová tuvo misericordia de ellos y se arrepintió del mal que les haría.

La misericordia que tuvo Jehová con el pueblo de Nínive causó que en Jonás afloraran emociones negativas. Jonás se enojó muchísimo cuando Dios se arrepintió de destruir a este pueblo.

"Y oró a Jehová y dijo: Ahora, oh Jehová, ¿no es esto lo que yo decía estando aún en mi tierra? Por eso me apresuré a huir a Tarsis; porque sabía yo que tú eres Dios clemente y piadoso, tardo en enojarte, y de grande misericordia, y que te arrepientes del mal. Ahora pues, oh

Jehová, te ruego que me quites la vida; porque mejor me es la muerte que la vida".

— Jonás 4:2-3

La profecía que Jehová le dio a Jonás para el pueblo de Nínive era de advertencia y amonestación. Tristemente, Jonás prefería morirse porque no se llegó a cumplir la palabra de destrucción de los ninivitas debido a su arrepentimiento. Jonás quizás pensó que había perdido su tiempo, por lo cual en lugar de alegrarse se enoja. Lo cierto es que para él fue más importante su ego que la salvación de todas las personas que se arrepintieron.

El Señor tuvo que enviarle pequeñas pruebas a Jonás para mostrarle la importancia de las almas y que en el plan de Dios para ese pueblo, la complacencia de él era irrelevante.

"Y salió Jonás de la ciudad, y acampó hacia el oriente de la ciudad, y se hizo allí una enramada, y se sentó debajo de ella a la sombra, hasta ver qué acontecería en la ciudad. Y preparó Jehová Dios una calabacera, la cual creció sobre Jonás para que hiciese sombra sobre su cabeza, y le librase de su malestar; y Jonás se alegró grandemente por la calabacera. Pero al venir el alba del

día siguiente, Dios preparó un gusano, el cual hirió la calabacera, y se secó. Y aconteció que al salir el sol, preparó Dios un recio viento solano, y el sol hirió a Jonás en la cabeza, y se desmayaba, y deseaba la muerte, diciendo: Mejor sería para mí la muerte que la vida. Entonces dijo Dios a Jonás: ¿Tanto te enojas por la calabacera? Y él respondió: Mucho me enojo, hasta la muerte. Y dijo Jehová: Tuviste tú lástima de la calabacera, en la cual no trabajaste, ni tú la hiciste crecer; que en espacio de una noche nació, y en espacio de otra noche pereció. ¿Y no tendré yo piedad de Nínive, aquella gran ciudad donde hay más de ciento veinte mil personas que no saben discernir entre su mano derecha y su mano izquierda, y muchos animales?"

—*Jonás 4:5-11*

Lo que Dios ha determinado ejecutar en toda situación no hay ser humano que lo pueda estorbar; Él es Soberano. No hay nada tan determinante como Su voluntad.

"Te aconsejo que guardes el mandamiento del rey y la palabra del juramento de Dios. No te

apresures a irte de su presencia, ni en cosa mala persistas; porque él hará todo lo que quiere".

— Eclesiastés 8:2-3

Otro versículo más que nos confirma la soberanía de Dios es el siguiente:

"Aun antes que hubiera día, yo era; y no hay quien de mi mano libre. Lo que hago yo, ¿quién lo estorbará?"

— Isaías 43:13

Amados, nadie puede estorbar lo que sale del corazón y de la boca de Dios. El plan de Dios es final. Y si tiene que haber proceso, habrá proceso. Éstos no son fáciles de sobrellevar; son dolorosos, pero necesarios.

Los que nos observan quizás piensen que no sobreviviremos una situación. Ellos están pendientes a cómo respondemos al proceso. Es importante pedirle sabiduría a Dios para que nos ayude a responder como obreros aprobados. No nos podemos dar el lujo de alejarnos de la comunión con el Señor en esta etapa. No nos rindamos ante la prueba; permitamos que el proceso se complete en nosotros.

El carácter y el temperamento

Dios quiere que podamos reflejar todas las virtudes del fruto del Espíritu y por ello muchas veces permite estos *procesos o propicias situaciones* que moldearán áreas específicas de nuestro carácter. Por ejemplo, si tenemos la tendencia a ser orgullosos, Dios trabajará en nosotros mediante situaciones en donde nos daremos cuenta que nada podemos hacer sin Él y esa realidad desarrollará en nosotros la humildad; si somos propensos a la desobediencia permitirá que pasemos por consecuencias que nos enseñarán que es mejor obedecer y que Dios no se equivoca; si somos inmisericordes hacia otros, obrará a través de circunstancias en donde experimentemos en nuestra carne lo que otros han pasado. Esta experiencia de vida infundirá en nosotros la empatía y la misericordia hacia las demás personas.

Al igual que con nuestro carácter, Dios obra en nuestro temperamento y lo canaliza a través del Espíritu Santo. Es por eso que tanto en el carácter como en el temperamento podremos ver la diferencia de un antes y un después.

Ahora bien ¿Qué es temperamento y cómo lo canaliza el Espíritu Santo? El término temperamento se define como "la peculiaridad e intensidad individual de los afectos psíquicos y de la estructura dominante del humor y la motivación. Proviene del latín *temperamentum*: 'medida'.

Es la manera natural en que un ser humano interactúa con el entorno. El temperamento es hereditario y no influyen factores externos (a menos que esos estímulos sean demasiado fuertes y constantes); es la capa instinto-afectiva de la personalidad, sobre la cual la inteligencia y la voluntad modelarán el carácter (en el cual sí influye el ambiente); ocupa también la habilidad para adaptarse, el estado de ánimo, la intensidad, el nivel de actividad, la accesibilidad, y la regularidad; el temperamento es la naturaleza general de nuestra personalidad, basada en las características del tipo de sistema nervioso" (Obtenido de https://es.wikipedia.org/wiki/Temperamento).

Para que podamos comprender mejor esta definición vamos a explicar qué es la capa instinto-afectiva de la personalidad. Comenzaremos por definir qué son los instintos.

Al pensar en éstos, probablemente nos viene a la mente el instinto animal; es decir, impulsos en donde los animales irracionales se ven dirigidos a satisfacer sus necesidades fundamentales, pero en las personas no significa lo mismo.

En el ser humano a estos instintos se les llama tendencias y en su esencia hay una gran diferencia: las tendencias son considerablemente modificables y orientadas por su dimensión específicamente racional y propiamente humana. (Obtenido de https://www.

studocu.com/caes/document/universitat-internacional-de-catalunya/psicologia/apuntes/tema-5-instinto-afectividad-y-voluntad/ 2490300/view).

Para entender lo que es el aspecto afectivo de la personalidad hay que definir afectividad. Ésta se define como la cualidad del ser humano caracterizada por la capacidad de experimentar íntimamente las realidades exteriores o de experimentarse a sí mismo. Es decir, hasta qué grado o cómo nos afecta lo que nos sucede personalmente o lo que sucede en el entorno, y es donde se convierte en experiencia cualquier contenido de conciencia. Procede de la palabra "Afecto", "Capacidad de sentirnos afectados". (Obtenido de https://www.studocu.com/caes /document/universitat-internacional-decatalunya/psicologia/apuntes/tema-5-instinto-afectividad-y-voluntad/ 2490300/view)

En resumen, nuestras tendencias internas y la forma en que nos afectan los estímulos externos componen nuestro temperamento. Y sobre esos dos elementos es que la inteligencia y la voluntad le dan forma al carácter. El temperamento y el carácter construyen nuestra personalidad. No obstante, el carácter solamente se puede moldear hasta cierto punto en el hombre natural (aquel que no conoce a Cristo).

El hombre sin Cristo no puede hallarle sentido pleno a la vida ni mucho menos forjarse un carácter perfecto o maduro a la imagen de Él. La Omnisciencia,

Omnipresencia y Omnipotencia de Dios son las que dirigen al hombre de Dios en todas las áreas de su vida y nos ayudan a superar los procesos y situaciones difíciles que vivimos. Este gran privilegio es solo para los que conocen a Cristo.

"Pero el hombre natural no percibe las cosas que son del Espíritu de Dios, porque para él son locura, y no las puede entender, porque se han de discernir espiritualmente".

— 1 Corintios 2:14

Cuando el Señor nos salva, nuestra alma es regenerada y comenzamos a percibir las cosas espiritualmente. Un alma regenerada es una que ha nacido de nuevo, en la cual el Espíritu Santo ha producido un cambio de naturaleza. Con la regeneración vamos gradualmente santificándonos; un proceso que va acompañado de la renovación de nuestra mente.

¿Cómo se renueva la mente? La mente se renueva cuando escudriñamos la Palabra de Dios y el Espíritu Santo nos ilumina, hablando a nuestro corazón. Dios nos aconseja en su Palabra de la siguiente manera:

"Así que, hermanos, os ruego por las misericordias de Dios, que presentéis vuestros

cuerpos en sacrificio vivo, santo, agradable a Dios, que es vuestro culto racional. No os conforméis a este siglo, sino transformaos por medio de la renovación de vuestro entendimiento, para que comprobéis cuál sea la buena voluntad de Dios, agradable y perfecta".

— Romanos 12:1-2

La renovación de nuestra mente, la santificación y los procesos resultan en que nuestro carácter sea moldeado y nuestro temperamento canalizado para ser más a la imagen de Cristo. Es con la renovación de la mente y con la ayuda del Espíritu Santo que se comienzan a eliminar patrones y prácticas de conducta pecaminosos para que sean reemplazados por patrones de conducta que se basan en principios bíblicos.

Independientemente del tipo de temperamento con que nacemos, Dios lo canaliza y lo utiliza hacia Su propósito. Observemos a Simón Pedro y su temperamento colérico en su estado natural. Una persona de temperamento colérico es impetuosa, impulsiva, extrovertida y con tendencia natural al liderazgo. La persona colérica toma decisiones basándose en su autosuficiencia y lamentablemente, en muchas ocasiones, se deja llevar por su soberbia.

"Entonces Simón Pedro, que tenía una espada, la desenvainó, e hirió al siervo del sumo sacerdote, y le cortó la oreja derecha. Y el siervo se llamaba Malco".

— Juan 18:10

Aquí se puede ver parte de la impetuosidad de Pedro. Sin embargo, ese mismo Simón Pedro, cuyo nombre Jesús luego cambió a Pedro (Mateo 16:15-18), ahora es transformado por Dios y su impetuosidad se canaliza en denuedo para predicar la Palabra del Cristo de la Gloria, a tal grado que en un día se convirtieron 3,000 mil personas.

"Pedro les dijo: Arrepentíos, y bautícese cada uno de vosotros en el nombre de Jesucristo para perdón de los pecados; y recibiréis el don del Espíritu Santo. Porque para vosotros es la promesa, y para vuestros hijos, y para todos los que están lejos; para cuantos el Señor nuestro Dios llamare. Y con otras muchas palabras testificaba y les exhortaba, diciendo: Sed salvos de esta perversa generación. Así que, los que recibieron su palabra fueron bautizados; y se añadieron aquel día como tres mil personas".

— Hechos 2: 38-41

Esto es asunto de dejarnos moldear para que haya más Pedros en nuestros medios. Necesitamos alcanzar a las masas, pero solamente lo podremos lograr bajo el Poder del Espíritu Santo; ese Simón Pedro quien era pescador en lo natural ahora se convierte en un Pedro pescador de almas en lo sobrenatural.

En este caminar quizás te des cuenta de que tienes un temperamento colérico; (impetuoso, impulsivo, extrovertido y con tendencia natural al liderazgo como Pedro) quizás seas sanguíneo (receptivo, social, comunicativo y súper extrovertido); melancólico (emocionalmente sensible, perfeccionista, naturalmente negativo y analítico) o flemático (equilibrado, calmado, el más amable y que trata de involucrarse lo menos posible en actividades). Lo cierto es que estos temperamentos se combinan, pero siempre es uno de ellos el que predomina. (Obtenido de https://repositorio.upeu.edu.pe/ bitstream/handle/UPEU/877/WilliamTesisBachiller 2017.pdf?sequence=3&isAllowed=y); (Manual de Temperamento, Tim LaHaye, 1987).

Fue Dios quien sopló aliento de vida en ti, permitiendo que nacieras de los padres que naciste y con un temperamento genéticamente heredado; Él nada hace sin propósito. Desde un principio te escogió y te creó como Él deseaba para el cumplimiento de Su propósito; un propósito que llevarás a cabo en esta tierra a través de un llamado. Se podría decir que el temperamento es parte de las herramientas que Dios usa para que se lleve a cabo tu misión en esta tierra.

Gracias le damos a Dios porque nos lleva paso a paso al grado de madurez necesario para ejercer la misión que nos ha encomendado. Dios prueba nuestra fe y nos presenta senderos en los cuales solamente podemos caminar confiando y creyéndole a Él.

CAPÍTULO IX

El cumplimiento del Propósito Divino

Para que el propósito de Dios se cumpla en nosotros es imprescindible atender a Su llamado. Un llamado es una orden. Cuando Cristo llama es porque la persona ha sido escogida por Él. Este acto de Salvación se completa cuando el Espíritu de Dios nos regenera y aceptamos a Jesús como Salvador personal.

A partir del momento en que aceptamos a Jesús como nuestro Salvador, Dios nos hace un llamado ministerial y nos imparte dones para ejecutarlo. Hay algo muy peculiar respecto al llamamiento y los dones que el Señor nos imparte: su irrevocabilidad.

"Porque irrevocables son los dones y el llamamiento de Dios".

Romanos 11:29

El llamado y los dones son confirmados por los hombres, como sucedió con el don de Timoteo. Su don fue impartido por la imposición de manos (que quede claro que no es una transferencia de un don de una persona a otra, sino una impartición del Espíritu Santo).

"No descuides el don que hay en ti, que te fue dado mediante profecía con la imposición de las manos del presbiterio".

— 1 Timoteo 4:14

Dios nos pide que seamos diligentes con el precioso don que Él nos regaló. Cuando recibimos un regalo espiritual será necesario permanecer activos espiritualmente mediante la oración, el ayuno y la lectura de la palabra para mantener esa luz que se refleja a través de todo lo que es dado por Él. La realidad es que no podemos obtener nada por nuestros propios méritos.

"(…) No puede el hombre recibir nada, si no le fuere dado del cielo".

—Juan 3:27

Debemos ocuparnos del don y no descuidarlo. El don se debe ejercer con ardor y que se vea su fruto para la Gloria de Dios. El don al cual se refiere Pablo cuando le habla a Timoteo es el de llevar con fervor el mensaje del Evangelio de Cristo cual antorcha encendida. El resultado evidente de este don fue el arrepentimiento y salvación de las almas. Timoteo fue un gran líder y pastor en Éfeso. Fue un excelente reflejo de su maestro, el Apóstol Pablo.

También Pablo exhorta a Timoteo diciéndole:

"Por lo cual te aconsejo que avives el fuego del don de Dios que está en ti por la imposición de mis manos. Porque no nos ha dado Dios espíritu de cobardía, sino de poder, de amor y de dominio propio".

— 2 Timoteo 1:6-7

Estas palabras se las escribió Pablo a Timoteo para darle ánimo mientras estaba en la travesía de su llamado ministerial. Era muy dura la hostilidad del Imperio Romano hacia el Evangelio de Cristo; un Evangelio que crecía cada vez más. En esa época muchos siervos morían por la causa de Cristo.

En el presente también hay personas que mueren por la causa de Cristo, aunque no tantos como antes. No obstante, mientras tengamos vida Dios quiere que tengamos ánimo y el denuedo para continuar sembrando la buena semilla del Evangelio de Cristo en los corazones.

Dios no quiere que tengamos temor cuando estemos en el ejercicio del ministerio. Si vivimos, para Dios vivimos, y si morimos, para Él morimos. Su voluntad siempre será perfecta y nos afirma que las puertas del Hades no prevalecerán contra la Iglesia (Mateo 16:18). Jesucristo tiene el poder sobre todo lo creado y sobre las potestades de las tinieblas. No hay que temer en el cumplimiento del propósito, ya que Dios es nuestro respaldo.

El Llamado y los dones

Dios siempre les otorga dones a los hombres, a fin de capacitarlos para que puedan ejercer eficazmente el llamado designado por Él.

"Y él mismo constituyó a unos, apóstoles; a otros, profetas; a otros, evangelistas; a otros, pastores y maestros".

— Efesios 4:11

Hay ciertas indicaciones que nos conducen a descubrir nuestro llamado ministerial. Dios habla y también nos equipa con ciertos rasgos, dones y talentos para ejecutar nuestro llamado de manera eficaz. Podríamos decir que si Dios te llamó a ser maestro, tendrás la pasión de enseñar y verás como fluye el don de la enseñanza en ti. También verás cómo otros se sienten motivados a tomar tu clase y cómo aprenden de la misma.

Como maestro, te agradará preparar planes de lección, investigar y estudiar el tema en profundidad y te harás en tu mente todas las posibles preguntas que al estudiante se le puedan ocurrir; aunque siempre puede aparecer otra que no imaginabas. No obstante, aunque sea en la próxima clase, podrás llevar la respuesta a esa pregunta.

Si te llamó a ser evangelista verás cómo te apasiona predicar y ministrarles a las almas en cada lugar que vas; te emocionarás y sentirás un gran gozo al ver el Espíritu Santo convirtiendo las almas. La mayoría de las veces no te quedarás estacionado en un solo lugar, pero puedes ver que el resultado de la ministración es siempre apoyado por Dios.

Si te llamó a ser pastor, verás que fluyes a través de la predicación y cuando las almas vienen a Cristo deseas permanecer velando por su bien. Estarás aconsejándoles en medio de dificultades, ministrándoles para que reciban restauración y tratando de que se satisfagan sus necesidades. Como Pastor, también estarás orando por los enfermos o visitándoles en el hospital. Recuerda que el Dios que te llamó es quien te respalda.

Esto no quiere decir que solo se puede ejercer en un rol. Usted puede ser pastor y maestro, ya que Dios no tiene límites y Él hace como quiere con sus hijos. Quizás usted sea Pastor, pero es posible que Dios le pida que haga obra de evangelista—como hizo con Timoteo-- aunque ese no sea su llamado específico. Los llamados ministeriales son repartidos por el Señor en un perfecto equilibrio. La Palabra nos explica lo siguiente respecto a los dones, ministerios y operaciones:

"Ahora bien, hay diversidad de dones, pero el Espíritu es el mismo. Y hay diversidad de ministerios, pero el Señor es el mismo. Y hay diversidad de operaciones, pero es el mismo Dios el que hace todas las cosas en todos".

— 1 Corintios 12:4-6

El único y soberano Dios es quien imparte en todas las áreas de nuestra vida. Los dones espirituales se utilizan para servir y para la edificación de la Iglesia. El Espíritu Santo es quien nos equipa con ellos. Esta porción de la Escritura menciona algunos de ellos:

"Pero a cada uno le es dada la manifestación del Espíritu para provecho. Porque a éste es dada por el Espíritu palabra de sabiduría; a otro, palabra de ciencia según el mismo Espíritu; a otro, fe por el mismo Espíritu; y a otro, dones de sanidades por el mismo Espíritu. A otro,

el hacer milagros; a otro, profecía; a otro, discernimiento de espíritus; a otro, diversos géneros de lenguas; y a otro, interpretación de lenguas. Pero todas estas cosas las hace uno y el mismo Espíritu, repartiendo a cada uno en particular como él quiere".

— 1 Corintios 12: 7-11

También hay diversidad de ministerios, los cuales son dados por el Señor Jesucristo. Uno de estos ministerios es el diaconado. El diaconado es un ministerio que se compone de diáconos. La palabra diácono--según el DRAE [Diccionario de la Real Academia Española]--proviene del griego διάκονος. La palabra διάκονος (diakonos) se usa en la lengua griega como servidor, sirviente, criado encargado de diversas tareas domésticas, asistente, ayudante, agente, ejecutor o ministro.

Las iglesias tienen distintas áreas ministeriales o de servicio para sus diáconos. Por ejemplo: en la Biblia se habla de siete diáconos que fueron escogidos para servir a las mesas. Uno de los diáconos, Esteban, murió por predicar el Kerigma que es la predicación apostólica que anuncia a Jesús como Salvador (Real Academia Española [RAE]) (Hechos 7:1-60); otro, Felipe, llevó las buenas nuevas a un eunuco y lo llegó a bautizar (Hechos

8:26-39). Esteban y Felipe sobrepasaron las funciones asociadas a ese oficio.

Otros ejemplos de ministerios eclesiásticos son: el Ministerio de Evangelismo y Misiones, el Ministerio de Adoración y Alabanza, el Ministerio de la Mujer, el el Ministerio de Caballeros, el Ministerio de Jóvenes, el Ministerio de Niños, el Ministerio de Medios de Comunicación, entre otros.

Aparte de los dones espirituales y de los ministerios, el Apóstol Pablo también menciona que hay diversidad de operaciones. Veamos una definición de la palabra diversidad: "Diversidad es una palabra proveniente del latín "diversitas" que significa algo que es variado, abundancia de cosas o personas que se diferencia entre otras". (Obtenido de https://conceptodefinicion.de / diversidad).

Dentro de la diversidad de operaciones o actividades que se llevan a cabo en el cuerpo de Cristo se encuentran las siguientes: el manejo del autobús para llevar a los feligreses a la iglesia, el servicio de mantenimiento de la iglesia, el servicio de limpieza de la iglesia, etc.

El Espíritu Santo nos equipa con una variedad de dones y nos guía para intervenir espiritualmente con las vidas que están librando batallas físicas, espirituales y emocionales. Cada caso es distinto y quizás requiera un don diferente para obtener el resultado necesario, pero es el Espíritu Santo quien hace todas las cosas y nos lleva a trabajar unidos y en un mismo sentir. Dios es quien hace que fluya el poder a través de los dones, resultando en que las vidas no solo se conviertan a Cristo, sino que sean sanadas y liberadas. ¡A Él sea la Gloria!

LA REINA ESTER: UNA MUJER CON PROPÓSITO

En los capítulos 1 al 10 del libro de Ester podemos ver un ejemplo típico de la perfección del tiempo de Dios. Ester nació en un tiempo perfecto para más tarde ser el instrumento que Dios utilizaría para liberar al pueblo judío de su destrucción. Ella supo cómo y cuándo actuar sin perder de perspectiva la urgencia del asunto. El final de esta historia fue una gran victoria.

El nombre original de Ester era Hadasa, que significa estrella o mirto (el mirto produce una flor en forma de estrella). Hadasa quedó huérfana a temprana edad y fue criada por su primo Mardoqueo. Es cuando Hadasa llega al palacio real que se le cambia el nombre a Ester, el cual significa estrella del desierto (Obtenido de es.wikipedia.org).

La supuesta razón por la cual Ester llegó al palacio fue por la destitución de la reina Vasti, quien rehusó presentarse para mostrar su belleza ante los hombres durante un banquete. Utilicé la palabra "supuesta razón" porque su llegada al palacio venía con propósitos divinos mayores.

Después de la destitución de Vasti pasaron cuatros años antes de que comenzara el reclutamiento de doncellas

(Obtenido del Editorial Mundo Hispano - 2006 - Religión). Ester entró al palacio como candidata a reina. Se requería un proceso de preparación de doce (12) meses junto a muchas otras candidatas que se presentarían ante el rey después de ese tiempo. La doncella seleccionada a reina fue Ester, una joven cuya gracia llamó la atención del Rey Asuero.

En una ocasión Mardoqueo, quien trabajaba en el palacio, se sentó a la puerta del Rey Asuero y escuchó el complot de dos individuos para envenenar al rey. Mardoqueo denunció este asunto. Había una razón por la cual el rey no había leído las crónicas del palacio en donde se había registrado esa acción; más adelante veremos que fue así porque el tiempo de Dios es perfecto y había propósito en ello.

En esta historia el Rey Asuero exaltó a un hombre llamado Amán y lo hizo segundo en su reino. Amán quería que toda persona se inclinara en reverencia a él, pero Mardoqueo se rehusaba; nunca lo hizo. Amán por venganza y como sabía que Mardoqueo era de procedencia judía, habló con el rey para que firmara un edicto para la exterminación de los judíos.

Mardoqueo se enteró de la maquinación de Amán y le envió un mensaje a Ester con uno de los eunucos; le pidió a Ester que interviniera en esta causa para evitar esta masacre. La expresión de Ester reflejó su temor:

"Todos los siervos del rey, y el pueblo de las provincias del rey, saben que cualquier hombre o mujer que entra en el patio interior para ver al rey, sin ser llamado, una sola ley hay respecto a él: ha de morir; salvo aquel a quien el rey extendiere el cetro de oro, el cual vivirá; y yo no he sido llamada para ver al rey estos treinta días".

— *Ester 4:11*

Ante la respuesta de Ester, surgió otro mensaje:

"Entonces dijo Mardoqueo que respondiesen a Ester: No pienses que escaparás en la casa del rey más que cualquier otro judío. Porque si callas absolutamente en este tiempo, respiro y liberación vendrá de alguna otra parte para los judíos; mas tú y la casa de tu padre pereceréis. ¿Y quién sabe si para esta hora has llegado al reino?"

— *Ester 4:13-14*

La respuesta de Mardoqueo expresó claramente las posibles consecuencias para Ester y los suyos si ella no intervenía en esta terrible situación. No había mucho tiempo para pensarlo, el edicto para la destrucción de los judíos había sido firmado.

No solamente Ester estaba destinada a ser instrumento de liberación en este *determinado momento o tiempo*, sino que también debía *actuar de inmediato* para frustrar los planes del enemigo y evitar que tomase ventaja. Es en este momento que ella decide las más eficaces medidas que le llevarían a la victoria:

"Y Ester dijo que respondiesen a Mardoqueo: Ve y reúne a todos los judíos que se hallan en Susa, y ayunad por mí, y no comáis ni bebáis en tres días, noche y día; yo también con mis doncellas ayunaré igualmente, y entonces entraré a ver al rey, aunque no sea conforme a la ley; y si perezco, que perezca".

— Ester 4:15-16

Al terminar el ayuno y oración, la Reina Ester se presentó ante el Rey sin ser llamada y obtuvo la victoria. El Rey Asuero le extendió el cetro de oro y le hizo una pregunta:

"Dijo el rey: ¿Qué tienes, reina Ester, y cuál es tu petición? Hasta la mitad del reino se te dará. Y Ester dijo: Si place al rey, vengan hoy

el rey y Amán al banquete que he preparado para el rey".

— Ester 5:3-4

La respuesta de Ester fue una muy sabia y creativa. La Reina tenía en mente llevar a cabo una serie de banquetes, los cuales solicitaría gradualmente. La sabiduría y la forma magistral en que Ester planificó estos eventos simplemente muestran que todo vino de la mente de Dios. Aunque el nombre de Dios no se menciona en este libro su influencia se puede sentir en cada escena de los acontecimientos.

Mientras se daban estos sucesos, al Rey Asuero solicitó que le llevaran el libro de las crónicas del palacio. Cuando el Rey Asuero leyó el libro preguntó qué se le había hecho a Mardoqueo por descubrir el complot de envenenarlo a él.

Hermanos, Dios no es de casualidades. Tenemos un Dios de justicia. Amán era un hombre sumamente arrogante y deseaba que se le exaltara a él. El hecho de que precisamente ahora el Rey Asuero pidiera ese libro favorecería la situación de Ester, de Mardoqueo y de los judíos.

Como no se le había reconocido a Mardoqueo por esta buena acción, el Rey le preguntó a Amán--sin decir nombre--qué se le debería dar al hombre cuya honra deseara el Rey.

Amán pensó de inmediato que la honra sería para él y por eso la respuesta fue la siguiente:

"Y respondió Amán al rey: Para el varón cuya honra desea el rey, traigan el vestido real de que el rey se viste, y el caballo en que el rey cabalga, y la corona real que está puesta en su cabeza; y den el vestido y el caballo en mano de alguno de los príncipes más nobles del rey, y vistan a aquel varón cuya honra desea el rey, y llévenlo en el caballo por la plaza de la ciudad, y pregonen delante de él: Así se hará al varón cuya honra desea el rey. Entonces el rey dijo a Amán: Date prisa, toma el vestido y el caballo, como tú has dicho, y hazlo así con el judío Mardoqueo, que se sienta a la puerta real; no omitas nada de todo lo que has dicho".

— Ester 6:7-10

Todos los honores que Amán deseaba que hicieran con él, se los tuvo que hacer a Mardoqueo. Amán tuvo que pasearlo por la plaza de la ciudad a caballo pregonando lo siguiente:

"así se hará al varón cuya honra desea el rey".

— Ester 6:11

Ester realizó la serie de banquetes y justo antes del último banquete es que le toca a Aman honrar a Mardoqueo. ¿Saben por qué? Porque antes de Aman morir Dios quería mostrar su Gloria y su justicia divina. La Palabra dice que el que se enaltece será humillado y el que se humilla será enaltecido (Lucas 14:11); Aman tenía que ver esa justicia.

Con estos banquetes Ester se ganaba cada vez más la confianza del rey y el Rey siempre le hacía la misma pregunta:

"¿Cuál es tu petición, y te será otorgada? ¿Cuál es tu demanda? Aunque sea la mitad del reino, te será concedido".

— Ester 5:6

En el último banquete Ester descubrió la trama de Aman ante el Rey. El Rey Asuero favoreció a Ester y se enojó contra Amán. Momentos después de este incidente, el Rey le reclama a Amán por ir hasta el lecho de Ester, pensando que la quería violar, pero la realidad es que en su desespero quería rogarle a la reina por su vida. Este es el pago de los que maquinan contra la vida de los justos:

"Después el rey volvió del huerto del palacio al aposento del banquete, y Amán había caído

sobre el lecho en que estaba Ester. Entonces dijo el rey: ¿Querrás también violar a la reina en mi propia casa? Al proferir el rey esta palabra, le cubrieron el rostro a Amán. Y dijo Harbona, uno de los eunucos que servían al rey: He aquí en casa de Amán la horca de cincuenta codos de altura que hizo Amán para Mardoqueo, el cual había hablado bien por el rey. Entonces el rey dijo: Colgadlo en ella. Así colgaron a Amán en la horca que él había hecho preparar para Mardoqueo; y se apaciguó la ira del rey".

— Ester 7:8-10

Pasados estos acontecimientos, el Rey Asuero escribió y selló otro edicto para conocimiento de los judíos con instrucciones que les favorecían.

"Y escribió en nombre del rey Asuero, y lo selló con el anillo del rey, y envió cartas por medio de correos montados en caballos veloces procedentes de los repastos reales; que el rey daba facultad a los judíos que estaban en todas las ciudades, para que se reuniesen y estuviesen a la defensa de su vida, prontos a destruir, y matar, y acabar con toda fuerza armada del pueblo o provincia que viniese

contra ellos, y aun sus niños y mujeres, y apoderarse de sus bienes".

— Ester 8:10-11

Gloria a Dios porque tenemos un Dios de justicia que protege a los suyos. Siempre Dios abre camino donde no hay. Había un edicto que no se podía anular contra la exterminación de los judíos. Sin embargo, Dios le dio la sabiduría al Rey para crear otro edicto en el cual el pueblo judío se pudiese proteger y atacar si se atentaba contra sus vidas.

Aunque el enemigo piense que no tienes salida a una situación, el Dios sabio que tenemos conoce exactamente lo que tiene que hacer para ayudarnos y darnos la victoria. A Dios sea toda la Honra y la Gloria por los siglos de los siglos. Nuestro Dios es grande y poderoso y no se le pasa ni un solo detalle de sus hijos. ¡Él es Fiel!

Naciste con propósito para este tiempo

Aunque no sea fácil, Dios nos hizo nacer para un tiempo como este; un tiempo en donde se necesitan valientes para hablar con denuedo la Verdad. Somos los portavoces de Cristo y su Evangelio. El mundo está en gran necesidad de escuchar la Verdad de Cristo, a pesar de los peligros existentes.

Vale la pena recordar la respuesta de Mardoqueo para la Reina Ester en el momento en que ella titubeó respecto a presentarse ante el rey. Ella conocía la ley y sabía que podía morir si se presentaba sin haber sido llamada por él (Ester 1 al 4). No sabemos cuántos están dispuestos a morir por amor a Cristo y al prójimo en este tiempo donde vivimos en medio de una pandemia: COVID-19. La misión de la Reina Ester era salvar al pueblo judío para que no fuese exterminado, aunque su vida estuviese en peligro. Las palabras de la Reina Ester demuestran su valentía.

"(…) yo también con mis doncellas ayunaré igualmente, y entonces entraré a ver al rey, aunque no sea conforme a la ley; y si perezco, que perezca".

— Ester 4:16

A veces pensamos que podemos hacer lo que queramos con nuestra vida y que nada va a suceder. Toda conducta tiene consecuencia aunque sea por omisión. La Palabra nos insta a que no callemos; que hablemos y actuemos sin temor cuando debemos hacerlo para evitar la muerte espiritual de muchos. Dios quiere que seamos soldados valientes para Cristo.

EL APÓSTOL PABLO COMO SOLDADO DE CRISTO

Pablo predicaba a Cristo y los judíos se le oponían y blasfemaban. Él sufría penalidades como Soldado de Cristo; sin embargo, Pablo estaba confiado porque el Señor le daba aliento y seguridad de protección:

"Y cuando Silas y Timoteo vinieron de Macedonia, Pablo estaba entregado por entero a la predicación de la palabra, testificando a los judíos que Jesús era el Cristo. Pero oponiéndose y blasfemando éstos, les dijo, sacudiéndose los vestidos: Vuestra sangre sea sobre vuestra propia cabeza; yo, limpio; desde ahora me iré a los gentiles. Y saliendo de allí, se fue a la casa de uno llamado Justo, temeroso de Dios, la cual estaba junto a la sinagoga. Y Crispo, el principal de la sinagoga, creyó en el Señor con toda su casa; y muchos de los corintios, oyendo, creían y eran bautizados. Entonces el Señor dijo a Pablo en visión de noche: No temas, sino habla, y no calles; porque yo estoy contigo, y ninguno pondrá sobre ti la mano para hacerte mal, porque yo tengo mucho pueblo en esta ciudad".

— Hechos 18: 5-10

Como acabamos de leer, Pablo no se dio por vencido. Los judíos no aceptaron la predicación, por lo cual salió hacia los gentiles y muchos de los corintios se convirtieron. Era un momento que no se podía desaprovechar, máxime cuando él andaba con la aprobación y protección de Dios; así mismo debemos hacer nosotros en este tiempo difícil en que nos encontramos. Dios nos dice "No temas".

Hay situaciones o circunstancias en las que Dios nos envía a un lugar a ministrar o a hacer algo específico. En ese momento, quizás la situación o las circunstancias no sean muy favorables, pero si no obedecemos a Dios cuando lo ordena, algo puede perder usted porque Dios nunca pierde. Cuando Dios quiere hacer algo nadie lo puede estorbar; respiro y liberación vendrán de alguna otra parte.

La obediencia verdadera es la que se hace en el momento que Dios lo ordena y en su totalidad. Estamos en tiempos peligrosos en donde Dios nos requerirá actuar con premura y nos presentará instrucciones específicas. Cooperemos con el Señor.

CAPÍTULO X

La Visión hacia el Propósito Divino

Cuando ya estamos preparados espiritualmente para ejercer un llamado, es porque Dios nos ha equipado y nuestro carácter ha madurado a través de procesos. Es en esos procesos donde Dios nos ha iluminado y enseñado aquellas cosas que él considera necesarias para ejercer ministerialmente. Pasar por procesos desérticos en la vida no es algo placentero, pero éstos nos ayudan a comprender y desarrollar con claridad la visión que Dios mismo colocó en nuestros corazones.

¿Qué es "visión" desde la perspectiva bíblica? "Es la revelación del desarrollo perpetuo que Dios quiere cumplir a través del llamado de la persona enviada. Sin visión, el pueblo pierde enfoque, fuerza, forma, estructura y la iglesia no tiene dimensión, solo es una masa uniforme de gente que se reúne para que cada uno haga cosas que tienen que ver con sus intereses, aunque éstas personas sean las mejores y más abnegadas". (Obtenido de http://www.ministeriotiempodevictoria.com/estudios/crecimiento/que-es-una-vision/). En una Iglesia la visión es dada por Dios al Pastor.

Nuestras metas, objetivos y actividades deben ser estructurados hacia la visión general. Debido a que la visión nos brinda dirección, es muy importante escribirla para que no la olvidemos y la desarrollemos. En adición, el día que no estemos, otros podrán continuar trabajando en ella:

"Y Jehová me respondió, y dijo: Escribe la visión, y declárala en tablas, para que corra el que leyere en ella".

— Habacuc 2:2

La visión requiere que tracemos un plan-con sabiduría divina--que incluya metas y objetivos que nos dirijan hacia la consecución de ésta. Cuando se trabaja sin metas ni objetivos es como disparar al aire, lo cual significa que podemos fallar al blanco.

Si no estamos caminando por la ruta que Dios nos traza y decidimos hacer las cosas sin su dirección y sin planificar, entonces podríamos estar perdiendo gran parte de nuestro tiempo y esfuerzo solo para obtener resultados infructuosos.

Dios obra con propósito no por casualidad. La casualidad implica que las cosas ocurren por mera coincidencia, mas el propósito implica una asignación especial con el fin de lograr una meta. Por lo tanto, para que se alcance esa meta se requiere una buena planificación. La visión que Dios imparte llega con muchas bendiciones; sin embargo, solo se llegará a su cumplimiento si se trabaja en unidad, de forma ética, eficaz y sin que se desperdicien recursos.

Nehemías, su misión y visión

Nehemías en una ocasión recibió noticias de que la ciudad de Jerusalén--sepulcro de sus padres-había sido objeto de gran mal y afrenta, pues sus murallas habían sido destruidas y sus puertas quemadas a fuego (Nehemías 3:1-3). Cuando Nehemías recibió esta noticia trabajaba en el Palacio como copero del Rey Artajerses.

"Sucedió en el mes de Nisán, en el año veinte del rey Artajerjes, que estando ya el vino delante de él, tomé el vino y lo serví al rey. Y como yo no había estado antes triste en su presencia, me dijo el rey: ¿Por qué está triste tu rostro? pues no estás enfermo. No es esto sino quebranto de corazón. Entonces temí en gran manera. Y dije al rey: Para siempre viva el rey. ¿Cómo no estará triste

mi rostro, cuando la ciudad, casa de los sepulcros de mis padres, está desierta, y sus puertas consumidas por el fuego? Me dijo el rey: ¿Qué cosa pides? Entonces oré al Dios de los cielos, y dije al rey: Si le place al rey, y tu siervo ha hallado gracia delante de ti, envíame a Judá, a la ciudad de los sepulcros de mis padres, y la reedificaré".

— *Nehemías 2:1-5*

Nehemías le expresó la misión o tarea que debía ejecutar al Rey Artajerjes: **"Reconstruir la Ciudad de Jerusalén"**. No obstante, subyacentemente a esa misión había una visión que trascendía a la restauración física de la ciudad. Nehemías buscaba **la restauración de su pueblo en su relación con Dios**. Esa restauración requería el arrepentimiento del pueblo y una adoración que partiera de la obediencia a Jehová.

Para comenzar la reconstrucción física de la ciudad se requería una *planificación detallada*. Desde Nehemías 3 se puede ver el reparto de la reedificación de la ciudad y podemos ver parte de la asignación de dirigentes con sus posiciones, tareas e instrucciones:

"Entonces se levantó el sumo sacerdote Eliasib con sus hermanos los sacerdotes, y

edificaron la puerta de las Ovejas. Ellos arreglaron y levantaron sus puertas hasta la torre de Hamea, y edificaron hasta la torre de Hananeel. Junto a ella edificaron los varones de Jericó, y luego edificó Zacur hijo de Imri. Los hijos de Senaa edificaron la puerta del Pescado; ellos la enmaderaron, y levantaron sus puertas, con sus cerraduras y sus cerrojos".

— Nehemías 3:1-3

"Luego que el muro fue edificado, y colocadas las puertas, y fueron señalados porteros y cantores y levitas, mandé a mi hermano Hanani, y a Hananías, jefe de la fortaleza de Jerusalén (porque éste era varón de verdad y temeroso de Dios, más que muchos); y les dije: No se abran las puertas de Jerusalén hasta que caliente el sol; y aunque haya gente allí, cerrad las puertas y atrancadlas. Y señalé guardas de los moradores de Jerusalén, cada cual en su turno, y cada uno delante de su casa. Porque la ciudad era espaciosa y grande, pero poco pueblo dentro de ella, y no había casas reedificadas".

— Nehemías 7:1-4

Como vimos en los versículos anteriores, tenemos un Dios sumamente organizado que cree en en la estructura, definición de roles e instrucciones. En esta obra hubo grupos designados que trabajaron en unidad y armoniosamente. La unidad y la armonía le traen gloria a Dios.

Durante la reconstrucción, Nehemías tuvo la victoria contra todos sus enemigos porque Jehová estaba con él. A pesar de la victoria, la lucha no fue fácil, ya que hubo enemigos que tenían sus dirigentes: Tobías y Sanbalat.

Cuando se está haciendo algo en obediencia a Dios usualmente se levantarán los Tobías y Sanbalat. Estos nombres representan los oponentes y fuerzas contrarias que tratarán de impedir a toda costa que edifiques; quieren evitar que logres la encomienda que Dios te ha dado.

"Cuando oyeron Sanbalat y Tobías y Gesem el árabe, y los demás de nuestros enemigos, que yo había edificado el muro, y que no quedaba en él portillo (aunque hasta aquel tiempo no había puesto las hojas en las puertas), Sanbalat y Gesem enviaron a decirme: Ven y reunámonos en alguna de las aldeas en el campo de Ono. Mas ellos habían pensado hacerme mal".

— Nehemías 6:1-2

Estos enemigos trataron de engañar a Nehemías con palabras falsas y trampas.

"Vine luego a casa de Semaías hijo de Delaía, hijo de Mehetabel, porque él estaba encerrado; el cual me dijo: Reunámonos en la casa de Dios, dentro del templo, y cerremos las puertas del templo, porque vienen para matarte; sí, esta noche vendrán a matarte. Entonces dije: ¿Un hombre como yo ha de huir? ¿Y quién, que fuera como yo, entraría al templo para salvarse la vida? No entraré. Y entendí que Dios no lo había enviado, sino que hablaba aquella profecía contra mí porque Tobías y Sanbalat lo habían sobornado. Porque fue sobornado para hacerme temer así, y que pecase, y les sirviera de mal nombre con que fuera yo infamado".

— Nehemías 6:10-13

Qué importante es el discernimiento para entender los engaños y sutilezas del enemigo. El soborno fue el método utilizado para enviar a personas malintencionadas a engañar a Nehemías. Estas personas querían encerrarlo para hacerle daño y luego difamarlo; sin embargo, le dijeron que era para salvarle la vida.

¡¡¡Cuidado, Cuidado, Cuidado!!! No toda palabra sale de la boca de Jehová; existen también las maquinaciones del enemigo.

Al final de la reconstrucción de los muros, Esdras leyó la Palabra de Dios, hubo arrepentimiento en el pueblo de Israel, confesaron sus pecados y comenzó su restauración en la relación con Dios. Dios siempre estuvo con Nehemías, lo respaldó y defendió su pleito porque la visión impartida a él vino directamente del corazón de Jehová.

Es Dios quien pone la visión en nuestros corazones. Nosotros actuamos en obediencia diseñando un plan como punto de partida bajo la dirección de Dios y Él se encarga de alinear todo lo demás. No obstante, en esta planificación no debemos perder de perspectiva el manejo del tiempo. Andemos como dice la Palabra:

"aprovechando bien el tiempo, porque los días son malos".

— Efesios 5:16

Aprovechamos bien el tiempo no solo cuando planificamos bajo la dirección de Dios, sino al llevar a cabo instrucciones específicas desde el momento que Él lo pide. La razón por la cual Dios nos pide algo en determinado momento es porque esa encomienda será propicia y eficaz en ese tiempo específico. De ahí, la importancia de obedecer de una vez. Dios conoce cómo se beneficiaría mejor su obra en cada situación. La obediencia inmediata trae grandes bendiciones.

Tiempos Peligrosos

Escribir en estos momentos ha sido un reto para mí. Estamos viviendo en tiempos difíciles y peligrosos. En estos momentos, el mundo está viviendo una pandemia llamada coronavirus (COVID-19).

El enemigo quisiera exterminar a la humanidad que no conoce al Señor y al cristiano para que no predique, pero en este tiempo es cuando más los cristianos tenemos que pararnos firmes en la brecha para que se salve el mayor número de almas posibles. Hay formas de predicar las buenas nuevas sin desobedecer las leyes terrenales.

Estaba observando lo mucho que por las redes sociales se está escuchando la Palabra de Dios. Estamos en un tiempo en que la ciencia y la tecnología han aumentado en gran manera. En estos momentos de crisis mundial, es cuando desde distintos países del mundo estamos escuchando el mensaje de salvación en todo su apogeo.

Ahora más que nunca es tiempo de hablar del Evangelio de Cristo a través de todos los medios disponibles al mundo. Hay cientos que han muerto a causa de esta pandemia y muchos han sido contagiados.

El mundo está en gran necesidad y está más abierto a escuchar un mensaje de esperanza de salvación y sanidad para sus vidas.

A causa de esta pandemia se han creado leyes y restricciones por el bien de la humanidad. Al principio las iglesias tuvieron la limitación de tener un máximo de 10 personas por servicio. Esta limitación se eliminó y se aprobó que las iglesias volvieran a la normalidad de sus números, siempre y cuando cumplieran con un protocolo de protección para la salud de las vidas.

Lamentablemente no siempre se podrá evitar el contagio en las iglesias. La contaminación puede traer consigo preocupación a aquellos que no han sido contagiados, resultando en que no quieran regresar a las iglesias por un periodo de tiempo hasta que se estabilice la situación. Lo que nos resta es orar para que perseveren y regresen.

De todas maneras la situación de la pandemia ha causado la interrogante de que si realmente el pueblo querrá regresar a sus templos a adorar y escuchar Palabra de Dios o ¿será preferencia de ellos adorar a Dios y escuchar Su Palabra vía "Facebook Live" por siempre?

En mi opinión, no hay nada que temer con los cristianos maduros en la fe, porque aquel que ha saboreado la unidad del cuerpo de Cristo, congregándose en Su templo, habiendo experimentado Su presencia, Su manifestación y Su amor, jamás preferirá estar solo en su casa para siempre; simplemente no lo va a resistir.

No obstante, tenemos que orar para que los recién convertidos o menos maduros no se debiliten debido al aislamiento del resto del cuerpo. Es por lo que además de orar por ellos, será de gran importancia procurarlos para que continúen con ese sentido de pertenencia. Estas acciones también les ayudarán en su crecimiento espiritual.

El cuerpo de Cristo fue creado para permanecer unido. La unidad en casos como el de la pandemia se puede mantener si los hermanos permanecen en contacto unos con otros o si tienen algún tipo de actividad, ya sea por vía telefónica o por otros medios sociales a distancia. Esa conexión facilitará que nos integremos gradualmente para adorar en el templo.

Dios nos manda en su Palabra a congregarnos. Se siente algo muy especial cuando sus santos se congregan armoniosamente para adorar a Dios y servirle en sus distintas capacidades y funciones como un solo cuerpo. La Palabra lo describe así:

"¡Mirad cuán bueno y delicioso es Habitar los hermanos juntos en armonía! Es como el buen óleo sobre la cabeza, el cual desciende sobre la barba, la barba de Aarón, y baja hasta el borde de sus vestiduras; Como el rocío de Hermón, que desciende sobre los montes de

Sion; Porque allí envía Jehová bendición, y vida eterna".

— Salmos 133:1-3

Testimonio Personal en medio de la pandemia del COVID-19

Les debo testificar que en medio de esta pandemia Dios ha preservado vidas y ha guardado a muchos de una forma maravillosa. Es por lo que en mi corazón ardía este deseo de presentar mi testimonio. ¡A Dios sea toda la Gloria!

Yo tenía unas alergias (siempre he padecido de alergias) o quizás era un catarro común. Lo cierto es que andaba media fañosa y así dirigí el servicio con mi guitarra. Luego del devocional manejé por seis horas hasta llegar a Florida.

Al llegar a Florida me quedé en una finca y no salí para nada. Noté que me sentía bastante cansada y mi cuerpo solo quería dormir. Tuve una sensación de malestar extraña, pero nada más. Al tercer día quiso atacarme migraña. He padecido de migrañas en el pasado y las personas cercanas a mí lo saben. Por eso cuando identifiqué su intento de comenzar me puse de pie y la reprendí en el nombre de Jesús. Les diré que para la Gloria de Dios la migraña desapareció de inmediato y no regresó jamás.

Le doy gracias al Rey porque me enseñó una lección más de batalla. Uno o dos días después de esta primera intervención del Espíritu Santo, aún me sentía con un cansancio que solo me pedía dormir; busqué una alabanza que Dios trajo a mi mente titulada "Yo sé que estás aquí siento tu caminar, te mueves entre el pueblo, trayendo sanidad (...)"

Dios sabía que por mi mente estaban pasando temores debido a los terribles síntomas que otros estaban sufriendo como resultado del COVID-19. Por eso, en medio de esa alabanza me quebranté en llanto y le pedí a Dios que me librara de todos esos terribles síntomas y efectos, si es que tenía el virus. Sentí una presencia poderosa en medio de ese cántico y comencé a hablar en lenguas.

En ese mismo momento entró a mi celular un mensaje desde Argentina enviado por una Pastora que estaba ajena a todo, en donde me daba la respuesta a lo que yo le estaba pidiendo a Dios. En ese clamor supe que Dios respondería a mi favor. La respuesta a mi petición fue la siguiente:

"No temas, porque yo estoy contigo; no desmayes, porque yo soy tu Dios que te esfuerzo; siempre te ayudaré, siempre te sustentaré con la diestra de mi justicia".

— Isaías 41:10

En la noche los hermanos de la finca se fueron a su Iglesia y yo me quedé en la casa. Mientras se fueron el Señor hizo un milagro; no solo todo cansancio desapareció de mi cuerpo, sino que me sentí nueva; experimenté una transformación radical. Me puse a recoger y luego a lavar, secar y doblar ropa; mientras esperaba por la ropa escribía en la computadora. Fue una experiencia maravillosa.

Cuando los hermanos de Florida llegaron de la iglesia me miraron y me preguntaron qué me había pasado. De inmediato, y con mucho entusiasmo, les conté que Jesús me había sanado y que se había llevado todo. Al día siguiente me monté en mi auto y me regresé a mi casa.

El viaje se me hizo súper corto y venía cantando y muy alegre durante toda la trayectoria de Florida a Georgia. Mi corazón estaba tan agradecido como el de una niña pequeña cuando su padre le trae un regalo. Y me decía a mí misma "no hay ser humano en la tierra que pueda hacer esto por mí, te amo tanto Señor".

Lo maravilloso es que aunque el COVID-19 estuvo en mi cuerpo (lo supe mediante un examen de sangre [anticuerpos] aproximadamente dos semanas luego de mi regreso), Dios nunca permitió que tuviese ningún problema respiratorio o pulmonar, ninguna migraña [no pudo apoderarse], ninguna fiebre, ningún dolor de cuerpo, ninguna pérdida de gusto u olfato ni dolor de garganta alguno. Tampoco se enfermó ninguno de los que estuvo cuidándome. ¡A Él sea Toda la Gloria! Luego me hice el examen nasal y el resultado fue negativo.

Cuando ocurren estas situaciones tenemos que orar por salud creyendo en el poder y autoridad de Dios con toda nuestra mente, con toda nuestra alma y con todas nuestras fuerzas. Es necesario andar por senderos de fe, sabiendo que tú y yo somos la Iglesia.

Si estás leyendo esto es porque Dios te preservó a pesar de cualquier dificultad o enfermedad. Dios mira todas las circunstancias de nuestras vidas y tiene misericordia de nosotros. Él es Soberano y cualquiera que sea su decisión la debemos aceptar con humildad como parte de Su propósito.

CONCLUSIÓN

Los seres humanos a veces tratamos de utilizar nuestros propios medios para lograr lo que deseamos. Lamentablemente los medios que se encuentran fuera de la voluntad de Dios siempre resultan infructuosos o no perduran. La victoria en el camino angosto del Señor solamente se puede lograr a través de la fe y la obediencia.

También hemos aprendido a través de nuestras experiencias y por las experiencias de otros, que no hay atajos que puedan acelerar lo que el Señor desea realizar en nosotros. Dios desea tratar con cada detalle de nuestras vidas, pero a veces ese trato requiere paciencia de nuestra parte para que todo lo necesario madure como Dios desea.

Para ser transformados cada vez más a la imagen de Cristo, será necesario que pasemos por procesos dolorosos y desérticos en donde el único que podrá abrir camino y darnos consuelo es Dios. No importa cuántas veces queramos escapar, cuántas veces nos queramos rendir o cuántos medios terrenales busquemos para opacar el dolor o evadir la situación, nunca vamos a tener la victoria de esa forma; al contrario, lo que quedará es un vacío en tu corazón.

Mas Dios nos dice:

"No temas, porque yo estoy contigo; no desmayes, porque yo soy tu Dios que te esfuerzo; siempre te ayudaré, siempre te sustentaré con la diestra de mi justicia".

— Isaías 41:10

Tengamos la seguridad de que Dios nos va a fortalecer en medio del proceso y en la espera de sus promesas. En sus manos están nuestros tiempos. El Rey y Creador del universo es quien nos sustenta.

Espero que este escrito les haya ayudado y alentado si están pasando por momentos difíciles y que sea un recuerdo de no sucumbir ante los procesos y la adversidad. Que nada nos desvíe ni nos distraiga del propósito que Dios tiene con cada uno de nosotros; es lo más valioso que tenemos.

Finalmente, recuerden que Dios siempre está en control de todo aspecto de nuestras vidas y que se cumplirá lo prometido por Él. Somos obra de sus manos y ovejas de su prado. Que Dios les continúe bendiciendo a través de la expansión de sus territorios y les dejo con estos versículos para que los atesoren en sus corazones.

"Bendecid a Jehová, vosotros todos sus ejércitos, Ministros suyos, que hacéis su voluntad. Bendecid a Jehová, vosotras todas sus obras, en todos los lugares de su señorío. Bendice, alma mía, a Jehová".

— Salmo 103:21-22

"Cuán bienaventurado es el que tú escoges, y acercas a ti, para que more en tus atrios. Seremos saciados con el bien de tu casa, tu santo templo".

— Salmo 65:4

www.ingramcontent.com/pod-product-compliance
Lightning Source LLC
LaVergne TN
LVHW091251080426
835510LV00007B/210